上天赐予的粉色鞋子

倾听顾客的声音

[日]佐藤和夫 著

范紫瑞 译

人民东方出版传媒
People's Oriental Publishing & Media
东方出版社
The Oriental Press

作者简介

(日)佐藤和夫

毕业于庆应义塾大学文学院,之后在出版社任职,历任经营杂志总编、团体法人事务局长等职,后成立了出版社。现为"重视人的经营学会"常任理事,一般团体法人"丰岛优秀企业育成推进会"会长,"日本最值得珍惜的企业"大奖评审员,朝日出版股份有限公司董事长。

序

柔和的阳光穿过窗户，照入长长的走廊。一位推着小推车的老妇人慢慢地、慢慢地走来。她的脚上穿了一双可爱的粉色护理鞋。

"我每天都向神明祈愿：我希望一直穿着这双粉色鞋子走路，直到离开人世。这样的话，是不是神明就会帮我实现愿望了？我能走路了哦，真是感谢这双粉色鞋子。"老妇人一走近会客室中正在等待的男子，就握住了他的手，紧紧地握着。老妇人的手瘦小而冰凉，男子一生也忘不了那种感觉。这位男子就是德武产业的十河孝男。这双"上天赐予的粉色鞋子"支撑着如今的护理鞋制造商德武产业。

十河担任会长的德武产业位于以乌冬闻名的香川县赞岐市的一处田园地带，被一片蛙声包围着。德武产业是制造面向老年人和残障人士的护理鞋制造商，有71名工作人员，其销售额为24.28亿日元（2017年7月数据）。

这样一家小公司，获得了平成二十四年第二届"日本最令人珍惜的公司大奖·审查委员会特别奖"，还获得了"四国最令人珍惜的公司大奖·四国经济产业局长奖"以及"优秀企业大奖·特别奖"。获奖的原因是德武产业生产的护理鞋深受消费者喜爱。德武产业生产的鞋子让人穿上就想走路，是能够为老年人和残障人士的行走提供帮助的鞋子。

穿上这种鞋子的人都会发出惊呼，感叹鞋子轻便和细致入微的种种细节。这些使人走路变得愉快。例如，鞋子的外观有红色波点和粉色的等，非常丰富，在色彩偏暗的老年人的鞋子中别具一格。另外，为了防止被小台阶绊倒，做了鞋尖微翘的设计；为了能让鞋子的形状与脚更贴合，对鞋型做了细致的调整；为了照顾腿长不同的人，改变了鞋底的厚度；为了方便半身不遂的人，调整了鞋带的朝向……德武产业制造的鞋，其特征远不止于此。

德武产业是日本第一家销售单只鞋和左右脚尺码不同的鞋子的公司。老年人和残障人士当中有很多人有一只脚受伤或左右脚大小不同的情况。为了满足这些人的需求，十河先生一边打破业界常规，一边尝试销售左右脚尺码不同的鞋。另外，为了满足疾病导致脚部变形的人的需求，公司开始生产每个部位都可以调整的"定制鞋"，并引入了相应的定制系统。

德武产业的普通鞋价格最低为3000日元，最高为8000日元。而"定制鞋"采用单独生产的模式，如果按照原价计算，那么价格将过高。但公司不愿从老年人和残障人士那里收取超过他们支付能力的费用，只是按照每调整一个部位的尺码，增加1500日元的价格销售。

以希望能帮到这些苦恼的老年人为动机，德武产业获得了许多人的支持，也因此获得了许多荣誉。但是，最初设计这种鞋子的时候，十河先生对制鞋完全是个外行。那么十河先生为何决意制作这种护理鞋呢？让我们一探究竟吧。

目 录

第1章

从荒唐的想法中萌芽

003 / 穿上就会展露笑容的魔法护理鞋

006 / 销售额骤降之际思考独立经营

010 / 一号试验品——加上松紧带的拖鞋

013 / 下决心设计出让老人轻松上脚的鞋子

015 / 赌上公司的前途,首创适合老年人的鞋子

017 / 从神户请来技术顾问专门设计老人鞋

021 / 挑战常规的销售方法,销售单只鞋

026 / 机器在地震中奇迹般完好无损

第 2 章

老人把鞋子放到枕边睡觉

033 / 经营陷入赤字,得力的员工离职

036 / 老人把鞋子放到枕边睡觉

039 / 将鞋子赠给养老院,了解试穿感受

045 / 被顾客投诉后,公司回收全部产品

048 / 社长连夜驱车前去道歉

051 / 为 5 毫米舍弃 1300 双库存鞋

054 / 怎能强行将鞋卖给不能行走的老人

057 / 神奇的鞋子使老人能走路了

060 / 粉色鞋子缔造的奇迹昭示企业生存之道

第 3 章

顾客的感谢彰显企业存在的价值

065 / 顾客的感谢信体现着工作意义

077 / 打开包装盒,映入眼帘的手写卡片

087／全家人都想在德武产业工作
090／全员参与经营
097／利用早会把握每个员工的情况
099／装奖金的信封里有社长的亲笔信
102／利用木鸡会促进员工成长
104／每日清晨的扫除与志愿活动
108／用个人财产修整里山与建爱由美公园

第4章
顾客的喜悦激励着德武产业持续创新

115／用定制鞋满足顾客需求
119／顾客的喜悦鼓励着德武产业
126／给长期卧床的人做鞋子
130／轮椅青年的自画像成为最珍贵的礼物
134／悉心钻研产品细节，瞄准三五年后

第5章
建立为所有人带来幸福的公司

139／缝制防寒手套的副业

143 / 为公司选继承人

147 / 挑战新事物,迈向未知世界

151 / 工厂的运营步入正轨

154 / 从重利先生手中继承德武产业

157 / 十河先生就任德武产业社长

160 / 为筑牢发展基础,另谋出路

163 / 对上一代心存感恩

167 / 只有好好报答照顾过自己的人,才是正确的活法

170 / 在公平竞争中实现双赢

173 / 不谋特权,全员共享利益

175 / 谋求理念与利益两全

184 / **结　语**

第1章

从荒唐的想法中萌芽

第1章　从荒唐的想法中萌芽

穿上就会展露笑容的魔法护理鞋

"穿上的感觉怎么样？"

"感觉和我现在穿的鞋完全不同。"

"把脚放进去也不觉得痛吧？"

"穿上这双鞋感觉似乎能一直走下去。"

只要穿上德武产业生产的鞋，几乎所有人都会立刻露出笑容。这也是十河先生最能感受到工作价值的时刻。

在德武产业的生产用地上，有一座半圆筒形的白色屋顶配茶色墙壁的小型建筑。偶尔就有路过的人以为此处是咖啡厅而误闯。其实，这栋美丽的建筑是2018年开业的德武产业引以为豪的直营店兼商品陈列室——爱由美总店。走进这栋建筑，映入眼帘的是一排各式各样的护理鞋，大约有60种。也有人说，"（这栋建筑）从远处看就像是鞋子的形状"。的确，这栋建筑给人留下一种圆润、温和的印象，正如公司的主力商品护理鞋"爱由美"。

从前，由于老龄化时代的到来，各式各样面向老年人的商品纷纷涌入市场。时至今日，大部分商品均已销声匿迹，惨遭淘汰。这就是年轻人不了解老年人真正的想法和现实情况而"闭门造车"的结果。护理鞋业也面临着这种情况。一直以来，提起面向老年人和残疾人的护理鞋，基本都是功能优先，其次才是颜色和设计，因此这类产品几乎都是单调的。尽管年轻人和其他身体健全的人非常难以理解老年人和残疾人的感受，但德武产业还是悉心钻研，使护理鞋不仅拥有功能性，颜色和设计也都尽可能接近普通的鞋子。

直营店每月聘请一次千叶县的德国整形外科

足部和鞋履专家开展足部会谈和定制鞋的测量等。这位德国专家拥有多年的经验与精湛的技术,为许多人做过鞋和鞋垫,使许多人的人生变得更美好。

十河先生认为,为足部有困扰的人制造鞋子是自己的使命。无论是疾病或事故导致脚部发生严重变形,还是左右脚长短不同,抑或是足部弯曲、足机能衰弱,被这些问题困扰的人都应该拥有一双舒适的鞋子。

销售额骤降之际思考独立经营

十河先生开始制造护理鞋的契机是接到了打入公司的一通电话。

那是平成五年（1993年）春天的事。香川县历史最为悠久的特殊养老院香东园的石川园长（现为理事长）给十河先生打了一通电话："十河先生是在做室内用鞋吧？我们养老院频繁出现老人摔倒的情况，我正为此困扰不已。能为我们做些让老人不会摔倒的鞋子吗？"

这通电话让十河先生感受到了一种不可思议的缘分。因为那时，十河先生的公司正面临大宗顾客缩小交易规模的情况。他正为公司销售额下降而烦恼不已。

第1章　从荒唐的想法中萌芽

德武产业是昭和三十二年（1957年）由十河先生的夫人裕子的父亲德武重利创立的公司。创立之时，公司制造防寒棉手套，之后随着季节变化也着手拖鞋生意，并顺利提高了销售额。昭和五十九年（1984年），十河先生继承公司时，公司主要经营旅行用拖鞋和承接大型制鞋公司的学龄儿童鞋的鞋面缝制业务，其中，后者占总销售额的95%。由于大型制鞋公司逐渐选择在海外工厂生产，三年后，德武产业便完全失去了缝制学龄儿童用鞋的业务。

十河先生就任社长之后，公司主要生产旅行用拖鞋、室内用鞋和夫人裕子开发的旅行用手袋这三个产品，想尽办法弥补因失去业务带来的损失。特别是在室内用鞋这一领域，由于公司能够灵活运用双面缝制技术，因此在数年间都保持着日本第一的市场占有率。因此，德武产业就有了与大型函售公司进行交易的可能，但销售额过于依赖一家公司也给德武产业带来了危机。

其间,一家大型函售公司更换了采购负责人。当然,由于人事变动改变负责人也是常有的事。但是,这个新负责人对产品的感知力与十河先生完全不在一个频道。这个负责人对室内用鞋不太感兴趣,即使德武产业有新商品的提案,负责人大多时候也是给出一些极其负面的反应,比如"这样真的可行吗",十河先生只能按照负责人中意的设计制造商品,果不其然销量不佳。随后,函售公司的商品目录上室内用鞋的页码不断减少,最严重时,失去销售机会的德武产业的销售额下降了三成,公司陷入了恶性循环。

但原因并非是室内用鞋整体需求的下滑。那么,德武产业销售额下降的原因就很明确了,即这个新负责人的认知有问题。对于十河先生而言,这个函售公司的新负责人如鬼一般。但正是多亏了这个"鬼",德武产业才能踏足护理鞋这一全新

第1章　从荒唐的想法中萌芽

领域。从结果来看,他也许是戴着鬼面具的神。

总而言之,与实力雄厚的大公司的交易规模缩小,使公司陷入了困境,十河先生不得不筹划公司的未来。但只要是承接转包业务,就会面临因配合订货方而被任意摆布的状况,实际上也确实遇到了不讲理、令人不愉快的情况。

十河先生思考着,如果不带上公司的尊严开展独立经营,以后也必定会重蹈覆辙。为了守护员工与其家庭,必须开展独立经营。但是到底该如何开发新产品呢?摸索之际,朋友石川园长打来了一通电话。十河先生觉得,这似乎是命运的指引。

一号试验品——加上松紧带的拖鞋

通完电话后,十河先生与夫人裕子立即动身拜访石川园长经营的养老院。之所以与妻子裕子一同前往,是因为十河先生觉得,制作老年人的产品需要女性细腻的眼光和重视细节的特性。

看到养老院里的场景的一刹那,十河先生窥见了一线光明——这里有许多等待新商品的人。养老院里的许多老人有的依靠自己的力量蹒跚地走路,有的扶着助行器,有的坐着轮椅。对于这些老人来说,摔倒的话后果是很严重的。如果穿上不易摔倒的鞋,那将十分安心吧。

石川园长立刻与十河先生谈起了老年人摔倒的风险:"老年人一摔倒就骨折,随后便卧床不起

第1章 从荒唐的想法中萌芽

了。这样一来，体内的血液循环会逐渐恶化，大脑和身体的机能也逐渐衰退。因此而去世的老人也不在少数。谨防摔倒，成为延长老年人寿命和提高生活质量的重要因素。"

十河先生在养老院里看了老人穿的鞋子后发现，在没有护理鞋的情况下，老人们穿的都是拖鞋或者学龄儿童穿的室内鞋、凉鞋等。人上了年纪，由于年迈和疾病，腿部肌肉的力量逐渐衰退，走路的时候抬脚的力气很小，所以脚和拖鞋就分开了。

裕子说："是不是因为拖鞋不跟脚，所以才会摔倒呢？"十河先生立刻返回公司，在工厂试着给拖鞋加上了使鞋和脚紧贴在一起的松紧带，随后拿给养老院的老人们穿。但反馈并不理想。虽然加上松紧带提高了鞋子与脚的贴合度，但这种改善似乎并不能方便老人走路和防止摔倒。

十河先生进一步观察老人们的走路方式，发

现他们的步幅很小。因为步幅小，所以走路时一只脚就很容易踩到另外一只脚的脚后跟。于是他着手改善拖鞋的鞋跟，试着去掉拖鞋后面多余的部分，最后将拖鞋做成像正常鞋子一样包裹着脚后跟的样式。尽管如此，仍然不能避免老人们摔倒。

这是因为老年人的走路方式与一般人是不同的。普通人走路时抬起脚，然后鞋跟着地；而老年人走路时似乎是整只脚掌着地，蹭着地面前进。用这种方式走路，即便走在平坦的地方，也很容易摔倒。十河先生慌了，原本以为老年人的鞋子就是室内用鞋的延伸，很容易就能做出来。出乎意料的是，做一双不易摔倒的鞋子并非易事，似乎有许多难题挡在面前。他下定决心：必须专心致志埋头研究。

第1章　从荒唐的想法中萌芽

下决心设计出让老人轻松上脚的鞋子

十河先生将老年人的护理鞋的经营方式定位为：不再配合订货方的状况、放弃被任意摆布的OEM（Original Equipment Manufacturer，即原设备生产商）生产方式。把护理鞋当成能令公司起死回生的商品。

公司调查后发现，日本全国有1.1万所特殊养老院等老年人福利机构。十河先生判断："以后的日本将朝着老龄化社会迈进。石川园长提出的适合老年人的鞋子的需求也应该会很大。"

为了开发新产品，他频繁前往养老院，与老人们见面，当面询问他们想要什么样的鞋子。同时，十河先生目睹了老人因脚部问题而苦恼的现状。例如许多老人的脚存在水肿、风湿病和拇指外翻等问题，导致左右脚的大小和形状都不同。有的老人在不合脚的鞋子里塞填充物，有的老人穿着一只磨破了后跟的鞋坚持走路，有的老人忍受疼痛坚持穿鞋从而加剧了脚部的变形，十分可怜。此外，对于中风等疾病导致身体残疾的人而言，穿脱方便且不易摔倒的鞋子也是非常必要的。这件事使十河先生颇受打击。

"难道一直以来老人们都是忍受着行动不便生活吗……"老人们在行动不便的状态下穿着不合脚的鞋子，走路的时候也会难过吧。一旦产生害怕摔倒的想法，老人们就不愿走路了。不走路，身体就会变得僵硬，从而大大提高了卧床不起的风险。还能走路的人由于鞋子不合脚而失去走路的能力……

十河先生想绝不能对老人们的状况熟视无睹。他深刻感受到，设计出让老人能轻松上脚、走路不痛、与众不同的鞋子是当务之急。

第1章 从荒唐的想法中萌芽

赌上公司的前途,首创适合老年人的鞋子

十河先生22岁时,母亲去世了。在并不富裕的十河家,母亲每天早出晚归地做农活儿,晚上还要照顾家人、做家务,等其他人都睡着之后,再踏着缝纫机做手套公司外包的工作。也许是过分劳累吧,十河先生在当地银行工作到第四年的时候,一个冬天的早晨,他的母亲病倒了,当天便去世了。那年,他的母亲才46岁,死于中风。

母亲饱受辛劳,子女却未能尽孝……十河先生打算将未能向母亲尽到的孝心,满怀诚意地奉献给其他老人,以这种方式向母亲赎罪。可见,十河先生专心致志地研发护理鞋,与母亲的早逝是有很大关系的。

但是研发老年人的护理鞋是从无到有的创造性工作，如果决心不够坚定，是不可能做到的。于是，十河先生将德武产业的三大支柱产品——旅行用拖鞋、室内用鞋和化妆包的经营托付给了三位年轻而优秀的员工。

他也想过把公司交给妻子裕子，但最终还是放弃了这个念头。因为研发老人穿的鞋子，需要女性的眼光和技术。十河先生断定，要研发新产品，必须自己和裕子两个人共同努力。

"我想把公司交给你们。"十河先生叫来了三名员工，如此说道。社长的决定令三位年轻员工一时语塞。也许是与十河先生坚定的决心和赌上公司前途的悲壮产生了共鸣，三人都爽快地答应了。

就这样，十河先生和裕子将公司交给了员工，专心致志地研发起即将成为公司支柱产品的护理鞋。

从神户请来技术顾问专门设计老人鞋

在研发护理鞋之初,十河先生和妻子裕子遇到的第一个问题是制鞋的技术。十河先生动手后才明白,室内用鞋和普通鞋子看上去相似但制作工艺完全不同。制作室内用鞋,一台缝纫机就可以完成;制作普通鞋子则需要复杂的工序和生产线。

研发护理鞋,就需要熟悉制鞋技术的人。十河先生到处打听合适的人选。不久,有位顾客给他介绍了神户的制鞋匠人——拥有30多年制鞋经验的本庄则康。

神户是制鞋大本营,本庄先生既然是拥有30多年丰富经验的匠人,那么他的技术一定没有问题。碰巧的是，本庄先生来到德武产业时正好受伤了，拄着丁字拐。他的一只脚打着石膏绷带，穿着自己制作的特别的鞋子。十河先生有点兴奋，心想："这个人一定能理解老人的脚部烦恼。"

本庄先生爽快地接受了德武产业技术顾问一职，每个月会来几次公司。十河先生频繁前往养老院和医院，听取老人和看护工作者的意见，整理收集各种资料，优化样品。但这些工作比想象中要辛苦得多，例如向心理咨询专家和员工们询问老人的需求时，他们说："老年人的皮肤很脆弱，鞋跟做得软些比较好。"但见到老人后，也有老人说："我们的脚没劲儿，所以鞋跟做得结实些比较好。"

要将样品做成商品，就必须验证哪一条才是正确答案。为此，十河先生必须制作两种鞋子，一种是鞋跟柔软的，一种是鞋跟坚硬的，然后分别让老人试穿，之后收集意见再分析。他重复着这

第1章 从荒唐的想法中萌芽

种需要耐心的工作。

更大的挑战是尺码的问题。人的脚到了傍晚会比早晨浮肿，会变大。老年人的脚浮肿得更加厉害，好多老人的脚在早晨和傍晚差好多。另外，老年人夏天穿较薄的袜子，冬天则叠穿两三双袜子。仅仅是袜子就能使脚的长度和宽度出现较大不同。

在制鞋业，一般是每五毫米为一个尺码。十河先生考虑到，如果脚的大小早晚差距很大，是不是可以每一厘米为一个尺码。如此一来，也能降低成本，减轻老年人的经济负担。于是，他将这一想法告诉了技术顾问本庄先生。本庄先生听了吃惊地睁大了眼睛。对于长期身处制鞋业的本庄先生而言，每一厘米一个尺码的鞋子大概是非常不合常规的吧，但是实际调查了老年人的情况之后，本庄先生也赞成了这个想法："这也是好事啊！"

后来,他们发现,越是了解老年人的真实想法,护理鞋的设计就越是与常规鞋子的设计观念背道而驰。例如老年人足部力量较弱,多用脚在地上蹭着走,所以即便遇到很小的台阶也容易摔倒。十河先生在委托本庄先生制造鞋子时,提议将鞋尖部分提高至离地面2厘米左右,做鞋子前端微翘的设计。

"真是奇怪的鞋子呢,"本庄先生苦笑道,"如果做成这样老年人会比较安全的话,就这样做吧。"最终他还是赞成了这种设计,帮忙制作样品。

第1章　从荒唐的想法中萌芽

挑战常规的销售方法，销售单只鞋

本庄先生一直强烈反对十河先生销售左右尺码不同的鞋子和单只鞋的提议。之所以想销售单只鞋，是因为在调查的过程中发现，很多老人左右脚大小不同，或是单只脚受了重伤。其实这就是老年人的特征。对于患有风湿病和拇指外翻等疾病导致脚部变形的人而言，穿左右脚尺码一样的鞋是十分不舒服的。但是，鞋子都是按照相同尺码成双出售的，如果想穿左右脚尺码不同的，就不得不买两双鞋，每双丢掉一只。丢掉完全没穿过的新鞋子，对于经历过物资匮乏年代的老人而言，实在是做不出这种浪费的举动。

从调查结果来看，大多数老人都会买大码的

鞋子，然后往单只鞋里塞入填充物，或是多穿几双袜子。如此一来，穿不合脚的鞋就成了大多数老人摔倒的原因。另外，一些患病的老人要一直拖着一只脚走路，因此一只鞋已经磨得极其严重了，另一只鞋还是崭新的，却不得不换新鞋。"这只鞋还很新呢，真浪费啊！"

十河先生听到了老人们的诉求。经过一番思考后他确信："即使销售左右脚尺码不一样的鞋，也不能改变一只鞋受到严重磨损的事实。这样的话，还是卖单只鞋比较好。这样更贴近顾客的需求。"

十河先生说出"我想销售左右尺码不同的鞋和单只鞋"的时候，立即受到了本庄先生的强烈反对："太荒唐了。这肯定不行！""两只相同尺码的鞋才成一双鞋。5000多家制鞋公司和工厂，没有一家是这样做的。30年来，在这个行业，从来没有公司销售单只鞋和左右尺码不同的一双鞋。

第1章　从荒唐的想法中萌芽

你要是这么做，公司会倒闭的。绝对不行！"最后本庄先生说："如果非要做的话，我就做不了这个技术顾问了。"

一般来说，卖单只鞋是极其不合常理的。但是，十河先生并未就此让步，因为他亲眼见到了老人们的实际状况：有人双脚肿胀，有人脚部严重变形，但还要强忍着穿不合脚的鞋子。这种情况非常多。为了帮助他们，无论如何都要做尺码不同的鞋并且销售单只鞋。这是唯一的方法。

就算是不符合行业常规，不合常理也没关系。十河先生坚持，如果是老年人真正需要的就应该去做。最终，本庄先生被十河先生的热情打动了，着手帮忙。就这样，吸收了种种的"不合常规"的护理鞋成型了。

平成六年（1994年）年末，能作为商品销售的成品鞋诞生了。到那时，为十河先生提供意见、试穿样品鞋的老年人已经多达500人。两年间，

爱由美护理鞋

500人试穿了护理鞋！十河先生将这双饱含着500人的期望的护理鞋命名为"爱由美"。这个名字如字面意思一样，包含着支撑老年人走路、开拓公司未来之路的愿望。

随后，十河先生引入量产体制，从神户制造商处订购了机械设备。万事俱备之际，迎来了平成七年（1995年）的新年。这年春天，日本第一双护理鞋——"爱由美"终于上市了。对于德武产业而言，这也是公司拥有的第一个品牌。十河先生仍然记得新年致辞中自己在员工面前说："平成七年对于我们公司而言，会成为值得纪念的一年吧!"随后，十河先生开始盼望神户的机械设备早日到来。

机器在地震中奇迹般完好无损

新年过后,平成七年1月17日(1995年1月17日)早晨,十河先生突然感受到剧烈的晃动。他一跃而起,看到天花板上的吊灯如钟摆一样,左右大幅度摇晃。这就是阪神淡路大地震。十河先生打开电视后发现灾情十分严重:高速公路弯曲如屏风,神户的街道也燃起大火。而生产制造"爱由美"护理鞋的机械制造商正位于神户。十河先生给他们打了无数个电话,却无法取得联系。十河先生的眼前一片漆黑。赌上公司的前途命运,在即将一决胜负之际,命运却给了他这样的打击。

整个日本在混乱中度过了一段不安的日子。十河先生头脑中偶尔会掠过诸如"最坏结果""会

第1章 从荒唐的想法中萌芽

破产吗"等不吉利的想法。也正是在这个时候,他终于与机械制造商取得了联系,对方说:"设备完好无损。虽然交货期要推迟,但一定会交货的。"这句话,于十河先生而言,宛如上天的神谕。据说,制造商的周边被火焰包围,但用于制造"爱由美"的设备在火灾和地震中奇迹般地完好无损。十河先生想:"这大概就是天意,就用这个设备生产'爱由美'吧。"

德武产业总公司的工厂如今仍然将这台机器放置在令人瞩目的地方。虽然这台机器由于性能老旧,如今已经不再使用,但工人们还是把它擦得干干净净、光洁如新。机器旁边贴着大地震时关于这台机器的记录。德武产业如今仍感谢那时的"奇迹",每月都会在机器前供奉御神酒,大家一起奉上感谢和祈祷。这已经成为习惯。

机器来到公司的时间比预定的交货期晚了两个月,那一年的5月,"爱由美"开始投入生产。

阪神淡路大地震中"幸存"的机器

"爱由美"在各方面都是具有划时代意义的产品。在此之前，虽然有康复用鞋，但没有专供老年人在专用设施中穿的鞋子。"爱由美"是经过了种种改良的，使老人穿上后不易摔倒的护理鞋。德武产业在此基础上开始销售不合业界常规的单只鞋和左右脚尺码不同的鞋子，鞋的价格也控制在老年人可以负担的程度：单只鞋只收取一半的价格，成本较高的左右脚尺码不同的鞋与普通鞋的价格相同。此外，德武产业也很重视"爱由美"护理鞋的颜色和设计，不仅有红色和粉色，还有花纹和波点的样式。这是因为在听取老人们意见的时候，许多人都说脚下如果色彩缤纷，走起路来也会开心。

发生地震那年的5月初，"爱由美"护理鞋蓄势待发，终于迎来了发售的日子。周边田地里，水稻幼苗的叶子尚青，散发着光泽。在这样一个季节，十河先生的希望之星——"爱由美"护理鞋成功上市。

第 2 章

老人把鞋子放到枕边睡觉

第2章 老人把鞋子放到枕边睡觉

经营陷入赤字，得力的员工离职

"爱由美"是日本第一双为老年人设计的护理鞋。十河先生对销量充满信心，但因为这种鞋子完全没有知名度，它的销量并未如想象中一样迅速增加。雪上加霜的是又出现了新的问题，在7月的决算中，德武产业陷入赤字。

十河先生在和裕子夫人专心开发"爱由美"护理鞋的两年间，把公司交给了三名优秀的得力的员工。公司的事业以OEM为中心，因此十河先生认为即便是三个年轻人也能够应对。看了决算才发现，公司销售额减少了30%，还有约2000万日元的赤字。自创业以来，德武产业是从未陷入赤字的优秀企业。面对如今的局面，十河先生难以抑制心中的怒火和不安：为什么偏偏是在自己这一代出现赤字……

十河先生叫来了三个年轻人，严厉地斥责了他们："你们都在做什么啊？为什么不早点向我报告？你们准备怎么承担这个责任？"

其实，这也是商品开发型制造商容易遇到的情况。因为公司将大量精力花费在新产品开发和开拓市场上，领导者很容易忽略管理。明明生产了出色的商品，但资金难以为继，这样的公司不在少数。十河先生认为这三个人很优秀，管理公司的话应该没问题，因而将公司托付给他们，其实忽略了他们缺少经验的问题。

回过头来，十河先生说："现在想来，我也是被怒火冲昏了头，失去了理智。守护他们、指导他们，本就应该是我的职责，但我放弃了，专注去研发新产品，因此责任在我。这才是实际情况，我却把失败的原因推到员工身上了。"

第2章 老人把鞋子放到枕边睡觉

陷入赤字的德武产业无法给员工发奖金,也无法加薪。这种情况下,员工干劲下降,有的甚至提出了辞职。三位负责公司事业的员工相继离开。十河先生失去了优秀的部下,至今他仍后悔不已。

"我作为经营者缺乏觉悟,再加上对未来的想法太天真,打乱了员工们的人生……"

就这样,本应支撑起公司未来的护理鞋"爱由美",一开始却成了满含痛苦的打击和不安的产物。

老人把鞋子放到枕边睡觉

信任的员工离职,"爱由美"护理鞋的销售情况不理想,公司陷入赤字……重压之下,十河先生似乎快要放弃了。这时发生的一件事让十河先生重新振作了起来。

那是在得知公司赤字,无法支付员工奖金,失落至极的八月,朋友石川园长经营的养老院举办夏日节。这是夏季常规的节日,有钓水球、办传统刨冰模拟店等活动,养老院的工作人员还会穿上浴衣,与老人们一起跳盂兰盆舞。之前研发"爱由美"护理鞋时,石川园长对自己有诸多关照,因此十河先生便带了几名员工去帮忙。

夏日节圆满结束后,十河先生等人正准备返

第2章 老人把鞋子放到枕边睡觉

回公司，看到一位老太太推着小推车，横穿前厅，正准备返回自己的房间。十河先生不经意间看到了，她脚上正穿着的一双带有红色波点花纹的可爱鞋子，毫无疑问它就是"爱由美"。

十河先生情不自禁就跑到了老太太身边，问："这双鞋怎么样啊？"老太太回头，露出非常喜悦的表情仿佛要说"真是个好问题啊"，然后说道："我想啊，直到去世我都要穿着这双红色鞋子。有这双鞋真的是太开心了。走路变得很快乐，每天走路就是我活下去的理由。我睡觉时总是把这双鞋放在枕边。"

睡觉时把"爱由美"放在枕边……一阵喜悦涌上心头。十河先生激动地握住了老太太的手："这双鞋，是我做的啊！"老太太吃惊地盯着十河先生，脸上立刻露出了笑容："真的是好鞋子啊。谢谢你做这么好的鞋子。我很感谢你啊！"

后来，十河先生问了养老院的人，原来那位

老太太真的每天晚上把鞋子放到枕边睡觉。"不管我们说多少次,'鞋子脏,放到地板上吧',她都完全不听。对于那位老人而言,那双红鞋子真的是难得的珍贵物件吧。"

听了这番话,原本快要放弃的十河先生再次燃起了希望之火,他确信"爱由美"一定会畅销的!这是老人视为珍宝、放到枕边的鞋子,不可能不畅销。只要让大家知道这种鞋的存在就可以了。

将鞋子赠给养老院，了解试穿感受

为了开拓市场，十河先生试着把"爱由美"护理鞋带到专业商社。专业商社是面向医院和养老院销售护理用品的大型批发商。十河先生将"爱由美"拿给他们看后，反响出乎意料得好，说："这是迄今为止从未出现过的产品啊，请一定让我们独家销售。"

从做生意的角度来看，专业商社独家销售的话是多么令人振奋啊！这家商社以四国为中心，有着范围广阔、遍布全国的销售网，如果与其签订了独家销售合同，"爱由美"护理鞋就能通过该商社的销售网销售到全国的医院和养老院，如此一来必将一举成名。

十河先生深刻理解依存一家大公司做生意的风险。就像之前负责人一变更，室内用鞋的销售额便大幅下降一样，依赖大型商社的经营风险太高了。哪怕是为了不让员工们流落街头，也必须靠自己的力量销售自家公司研发的原创产品。最终，十河先生拒绝了商社提出的优越的独家销售申请。

那么该如何提高"爱由美"护理鞋的知名度呢？多番考虑之后，十河先生决定向全国的养老院寄送信件广告。据说，开辟新领域，寄送信件广告的反馈率为0.5%~1%，"爱由美"护理鞋收到了3%的反馈率，已经相当高了。这一反馈率也反映在了销售额上，但是仍然没有达到目标销售额。

每一只"爱由美"护理鞋都包含着员工的心血，成本较高。但十河先生尽可能以便宜的价格将其销售给老年人，因此控制了定价。这导致达

第2章　老人把鞋子放到枕边睡觉

不到一定的销量，公司就没有利润。于是，十河先生尝试着给发了信件广告却没有收到反馈的机构打电话，他选择了公司里待人接物态度都很好的两位员工给这些机构打电话。"我们制作了防止老年人摔倒的护理鞋，是日本第一家生产护理鞋的公司。我们可以销售单只鞋，也销售左右脚尺码不同的鞋。"

随后，有很多养老院回复道："如果有这种鞋，请一定给我们发一下产品目录。"十河先生也据此了解到一个情况：许多养老院并没有阅读信件广告，而是直接将其当成了垃圾邮件。还有些养老院接通电话后立刻就挂断了。虽说被拒绝后才是销售一决胜负的开始，但德武产业的员工并不习惯这样的销售方式。在被冷漠地拒绝多次后，员工们也提出了意见："社长，真的放过我吧。"

看着一边哭一边控诉的员工，十河先生也不

禁觉得他们可怜："这些员工不是为了遭遇这样的事才进入德武产业的。"最终，仅坚持两天十河先生就放弃了电话销售。后来，他将这一业务交给了专门从事电话销售的公司。虽然花了钱，但好过看到不习惯这种工作的员工的可怜模样。

十河先生将写有"爱由美"护理鞋特征和优点的手册交给了电话销售公司的人，希望他们向养老院介绍时不要泛泛地说明，而是能用研发者的话语告诉对方"爱由美"护理鞋的优点。不愧是专业人员，他们不仅顺利完成德武产业员工抱怨的电话销售工作，还使反馈率到达了50%这一惊人数字。"爱由美"的销售额瞬间提升了。

电话销售成功的背后，也有十河先生的"助攻"。十河先生坚信，如果能见到"爱由美"护理鞋的实物，上脚试穿后就一定会知道它的好，所以得先让人穿上试试看。于是，他向有反馈的养老院寄送五双"爱由美"护理鞋，如果对方觉得没必要的话可以退回,来回运费由德武产业支付;如果养老院想要购买,那么这五双可以半价售出。

寄送护理鞋的效果是立竿见影的。因为每家养老院都有好奇心旺盛的老人,他们想着要是有不会摔倒的鞋子,真想穿上试试,就自然而然地试穿了"爱由美"。老人们一穿上这双鞋,就能感受到从未有过的轻便和快乐。十河先生自信:"一旦穿上,几乎所有的人都会说'想买'。"这也是十河先生的目标。

看到有人穿着色彩鲜艳的"爱由美"护理鞋,养老院中的其他老人也会产生兴趣。"这双鞋好可爱!""在哪里买的啊?""我也想要。"如此一来,顾客就会不断增加。就这样,寄送实物的养老院中有七成都卖掉了五双"爱由美"护理鞋。

"穿上就会知道",十河先生的战略正中靶心。平成七年(1995年),"爱由美"护理鞋的销售额只有1600万日元，第二年，销售额猛增至5975万日元。由于生产跟不上销售，十河先生甚至暂停了电话销售。"爱由美"成了风靡一时的商品。如今，包括"爱由美"在内的护理鞋年销售额为24亿日元，销售数量累计超过1200万双。

被顾客投诉后，公司回收全部产品

"爱由美"护理鞋开始畅销，生产线也全部投入运转。但销售数量越多，接到投诉的风险也就越高。发售"爱由美"的第二年年末，公司接到了一通电话，有顾客投诉护理鞋鞋底脱落。

"我们养老院买了护理鞋，但没多久鞋底脱落了。能换货吗？"这是非常严重的。因为"爱由美"是支撑老年人虚弱腿脚的重要鞋子，不能容忍任何地方的不合格。十河先生与员工立刻飞奔至养老院调查问题鞋子。

到养老院一看才知，这双鞋的确鞋底脱落了。他们将鞋子带回公司调查后发现，问题出在黏合鞋体和鞋底的胶水上。他们推测是湿度的变化使胶水干燥的时间过长或过短，这导致胶水没能充分发挥原本的性能。

十河先生等人对量产的经验不足，把握湿度与干燥时间的经验也不足。"爱由美"护理鞋是在同一个工厂，用同样的工序制造的。这种情况下出现次品，意味着在这个工厂生产的所有鞋子都可能存在同样的问题。十河先生立刻决定停止将商品投入市场，并回收所有已经卖出的商品。

对于制造商而言，回收所有商品关乎公司的生死存亡。如果可以的话，他们更希望尽量不要把事情闹大，只针对出问题的商品采取措施，私下解决。这种想法才是制造商的心声。事实上，不管过了多久，总会有想将不良品蒙混过关的制造商。但装模作样的解决措施往往导致了更大的问题，甚至企业的经营都会陷入危机。

十河先生之所以敢于下决心回收所有商品，是因为考虑到对于老人而言，有个"万一"，那后果是无法补救的。这也关乎作为第一个为老年人研发护理鞋的制造商的诚意和骄傲。

十河先生联系了所有的客户。"非常抱歉,您能否将我们公司的所有鞋子通过到付的方式寄回吗?鞋底的黏合出现了不合格的情况,我们将对全部产品进行检查。如果没有问题,我们会立刻寄回。"一时间,他们收到了从全国各地寄来的护理鞋。员工们从早到晚顾不上休息,忙着检查产品。针对大宗客户,十河先生亲自带着公司干部去道歉,并当场检查产品。十河先生和员工们的双手因检查数以万计的鞋子而肿胀,即使这样公司也要承担制造不合格产品的责任。十河先生认为,想要重新取得已经失去的信任,就只有诚心诚意地拿出解决措施。

社长连夜驱车前去道歉

祸不单行，在顾客投诉鞋底脱落后不久，横滨和九州的客户又投诉护理鞋订针伤人。因为鞋子内部平铺的鞋垫有些脱离鞋底，销售店的店员用手压鞋垫时，缝鞋垫的订针跑了出来，扎伤了店员的手指。

在生产的工序中，这部分是单纯的手工作业，属于人为失误。由于不是机械工序的问题，因此没必要像鞋底脱落问题那样回收所有的商品。即便如此，假如真的有老人穿了这双鞋而受伤的话怎么办呢？念及此，十河先生面如土色，不寒而栗。

因为一开始的投诉来自横滨，所以十河先生接到消息后立刻驱车从香川连夜赶往横滨。第二

第2章　老人把鞋子放到枕边睡觉

天早晨,他在店铺营业之前就到达了横滨的销售店。店员非常吃惊:"真没想到,您这么快就来了!"也许是被这份诚意打动了,店员接受了解决方案。接到来自九州的投诉时,十河先生也立刻驱车前往现场,九州的顾客甚至鼓励他,为他加油。

接到投诉的时候如何应对?企业不同,应对的方法也不尽相同。有的公司认为,让代表逐个出来道歉,只要没有将事情闹得更大,没有被竞争对手抓住弱点就好了。但十河先生认为这不是体面的问题。十河先生制造的不是普通的鞋子,他自信地认为,那是守护老年人的生命安全、改变他们人生的鞋子。十河先生的想法是,接到投诉时真心真意地道歉,尽可能地采取应对措施。

经常有人会说,提供顾客预期内的服务是远远不够的,提供超越顾客预期的服务时他们才会感动。遭到投诉也是一样的。如果只是走走过场,向顾客道个歉,那么不管你怎么说,都是在顾客的预期内。如果社长连夜驱车从香川前往横滨亲自道歉，这就超出顾客的预期了。因此，顾客才会接受，才会说"真没想到，您这么快就来了"。

十河先生非常尊敬的京都陶瓷创办者稻盛和夫曾经说过这样的话："经营者做决断的时候，并不是依据亏损或是获利，而是以正确与否来判断。计较盈亏的经营哪怕眼前有了收益，早晚也会破产。只有坚持正确经营理念的企业才可以存活下来。"隐瞒投诉，企业代表也假装不知此事，眼前也许确实可以蒙混过关。但是这样的企业是无法长久存续下去的，因为从根上就腐烂了。现在想想，如果那个时候隐瞒了不合格品和事故，也就不会有今天的德武产业了吧。

十河先生的心中一直镌刻着稻盛和夫塾长（盛和塾）的话："不知如何判断时，不要计较得失，而要看这样做是否正确。"且不说这些情况发生在"爱由美"刚刚上市之时。

第2章　老人把鞋子放到枕边睡觉

为5毫米舍弃1300双库存鞋

再稍微往前追溯，那时"爱由美"还没有家喻户晓，日本最大的一家义肢器具公司曾与十河先生商谈合作。与那家公司的社长面谈时，那位社长说，如果自己信赖的天才护理师觉得护理鞋没问题的话，他们就愿意交易。当时正在为"爱由美"的销量而苦战，对于十河先生等人而言，与大型义肢器具公司交易是个大机遇。"一定要促成这次商谈！"他抱着这个想法，与天才护理师见了面。

见面当日，那位护理师一开口就说："贵公司的"爱由美"护理鞋是非常好的商品，但是对于老人来说鞋后跟过高了。想必一直以来消费者都在勉为其难地穿着吧。既然是为老年人制造的商品，就必须做成真正的好产品。如果你们公司的"爱由美"鞋后跟能降低5毫米的话，我们就和你们交易。"

十河先生听了这话，非常生气。仓库里还积存着1300双护理鞋，也有一些鞋子已经寄给客户。如果对于老人来说，"爱由美"的鞋后跟真的高了5毫米，那么这些就全都是次品。可是，已经销售出去的鞋子不管在品质上还是舒适度上都没有问题，得到了很高的评价。

即便如此，在护理方面的专业人士来看，鞋后跟还是高了5毫米。对于穿鞋的人来说，鞋底是高了5毫米，还是低了5毫米，真的能注意得到吗？可如果为老年人的脚考虑，专业人士提出的将鞋后跟降低5毫米的建议是正确的。

面对这种情况，100位经营者中大概会有99位选择将鞋后跟高了5毫米的1300双库存鞋卖完

第2章 老人把鞋子放到枕边睡觉

后，再制造鞋后跟降低5毫米的鞋。一般来说是这样的。但是十河先生是那1%，他想："专业人士说对于老年人而言，鞋后跟高了5毫米的"爱由美"不是真正的好产品。卖这样的商品真的正确吗？"

那时，"爱由美"刚刚上市，公司没有钱，也没有信用，但十河先生还是下决心重新设计。他舍弃了1300双库存鞋，同时将已经售出的商品按照顺序，更换成鞋后跟降低5毫米的新鞋。

没有计较眼前的得失，而是依据是否正确来决断。虽然在资金方面备受困扰，但从结果来看，这个决定受到了顾客的支持。养老院和销售店的店员评价道："之前的商品明明也完全没有问题，但新鞋穿着感觉更好了。真不愧是德武产业，这种不妥协的态度，我很感动。"通过这件事，十河先生再次感受到销售正确的商品、做正确的经营判断的重要性。

怎能强行将鞋卖给不能行走的老人

在顾客们的种种投诉和批评中，对十河先生最具冲击性的是平成十九年（2007年）一通打到东京营业所的电话。电话那头传来关东地区某养老院的一位员工愤怒的声音："把鞋卖给不能走路的人，你们就那么想赚钱吗！"

仔细询问情况后，十河先生才明白了事情的来龙去脉。买鞋的是那家养老院里的一位90岁的老夫人。据那位员工介绍，她在3年前就已经完全不能走路了，即便如此，还是想买德武产业销售的粉色"爱由美"护理鞋。

"你们强行将鞋卖给不能走路的人，希望你们能好好解决这个问题！"听了这番话，十河先

第2章 老人把鞋子放到枕边睡觉

生立刻与营业所的店员一同驱车前往那家养老院。那是一位已经90岁的老太太,她坐在轮椅上,脚完全不能动,别说依靠自己的力量走路了,连站都站不起来。十河先生询问她买"爱由美"的理由。

老太太露出笑容,回答说:"我看到养老院的其他人穿这双粉色鞋子了。那鞋子真是可爱啊。我总是看着,觉得那双鞋子仿佛在对我说话。它说:'穿上我吧。一起走路吧。'于是我就买了这双粉色鞋子。我想着,说不定啊,我就能走路了呢……"看着她露出少女般的笑容,十河先生说不出话来,他没想到,"爱由美"居然还有这种作用。鞋子不仅仅是步行用具,对于不能行走的老年人而言,也是憧憬,是梦,是想象自己有一天也能走路的希望。

在场的人都明白了事情的真相。十河先生耐心地教老太太鞋子的穿法:"如果能走路了,每天都要穿哦。一定能再走路的哦。加油!"老太太坐着轮椅将十河先生送到门口,一直向十河先生等人挥手。

第2章 老人把鞋子放到枕边睡觉

神奇的鞋子使老人能走路了

又过了半年，养老院突然打来了电话："奇迹发生了！那位老太太能走路了！"实在太神奇了，接到电话的东京营业所的店员甚至有些说不出话来。

收到消息之后，十河先生与店员一同驱车前往养老院。养老院的人满脸兴奋地前来迎接："请稍等一下，我立刻去叫她过来。"十河先生等人在大厅等着。推着小推车的老太太从对面走了过来，最初映入眼帘的是那双粉色的可爱的"爱由美"护理鞋。她慢慢地、慢慢地、有力地踩着地面，一步一步地朝着十河先生走来。

那位老太太欢喜地望着十河先生等人，微笑

着。刚好午后的阳光透过大厅的窗户照进来，包围着老太太。在十河先生眼里，包围着老太太的阳光看上去仿佛是后光，是佛或菩萨背后放射出的神秘的光。

十河先生至今也想不出该如何表达当时的激动心情。第一次见面时坐在轮椅上的人，如今用自己的双脚站了起来，还穿上了那双粉色鞋子。十河先生的全身一下子起了鸡皮疙瘩，他不禁跑到老太太跟前，紧紧握住她的手："真是太好了！真的能走路了，太好了，太好了！"

老太太露出了和初见那日一样的少女般的笑脸："嗯，是啊！我每天、每天都向神明许愿，请让我在去世之前穿上这双粉色鞋子走路。于是啊，神明就为我实现愿望了！你看，就是这样，我能走路了哦！"

十河先生等人在大厅里坐着与老太太聊天。老太太眼中含泪，向他们讲述了能走路的欢喜：

第2章　老人把鞋子放到枕边睡觉

"不必借用谁的帮助，自己一个人就能去厕所，这真的是太令人高兴了啊！用自己的双脚去自己想去的地方，真是像梦一样……"不知不觉中，十河先生湿了眼眶，同行的店员们的眼睛也都红红的。

粉色鞋子缔造的奇迹昭示企业生存之道

据养老院的人说,老太太一心盼望能用自己的双脚走路,每天坚持祈祷。之后,这个愿望真的实现了。养老院的人原本已经放弃了,随后又重新请理疗医师做康复治疗。于是,老太太的身体机能一点点恢复,最终能用双脚站立和行走了。

老年人一旦放弃康复治疗,身体机能就会不断衰退,想再恢复并不容易,更不必说这位老太太三年前就已经不能自己走路了。三年都没走路的90岁的老人,一心盼望穿上粉色鞋子用自己的双脚走路,这个强烈的愿望加持了康复效果,最终让她恢复了行走能力。这就是奇迹。

对于老太太而言,粉色鞋子不仅是一双鞋子,

第2章　老人把鞋子放到枕边睡觉

也是实现生存梦想、改变人生的魔法之鞋吧。老太太想穿粉色鞋子的强烈愿望，将不可能变成了可能。这双鞋子帮助老人重启了用双脚走路的人生。必须依靠别人才能看到的世界也骤然改变了，她可以走着去欣赏春日盛开的樱花，去看秋季层林尽染的美景。对于人而言，这就是活着的欢喜。

全国有许多和这位老太太一样的人，他们或许也在等待这双鞋子。这样一想，那些痛苦的事、难过的事，全部烟消云散了。十河先生没有时间诉说不幸、发牢骚，他想要给所有等待这双鞋的人送去笑容，想要帮助他们找回能够走路的人生，所以必须更加努力。十河先生想让尽可能多的老人过上快乐的晚年生活，在去世之前，能用自己的双脚走路。此时，粉色鞋子缔造的奇迹昭示了十河先生的生存之道，支撑着德武产业的未来。

第 3 章

顾客的感谢 彰显企业存在的价值

第3章　顾客的感谢彰显企业存在的价值

顾客的感谢信体现着工作意义

德武产业每天早晨都要举办早会，内容就是阅读顾客寄来的感谢信。值得欣慰的是，每天会有数十封，每个月有 1200~1500 封信件从四面八方寄来。一年时间里，德武产业已经收到了两万封感谢信、调查问卷以及明信片等。员工们逐个翻阅，将与众不同的拿到早会上阅读。为了能随时看到，他们保存了所有信件，并整理汇编，还将"想传递感谢"的册子分发给了所有员工。

收到的每一封感谢信都温暖着员工的心。因为每封信都是顾客亲自书写，贴上邮票，投入邮筒，历经颠簸远道而来。每一封信件都心意满满，读后让人忍不住落泪。某位顾客的信中这样写道：

"前几日去世的父亲希望临走前能回家,还在床上穿上了人生最后的鞋子——灰色的'爱由美'。"哪怕是在床上都要穿上"爱由美",那位老人一定很想回家吧。对那位老人而言,鞋子就是连接自己与家的重要媒介吧。

还有人写道:"可爱的护理鞋激励着母亲坚持康复治疗。她一直穿着护理鞋,直到离开人世。"直到人生最后的瞬间,老人仍然穿着护理鞋。这令阅读感谢信的员工也忍不住落泪。

接下来为读者展示顾客寄来的部分感谢信。

为她穿了好多好多次

8月5日,母亲在我的陪伴下,安静从容地离开了人世,享年91岁。父亲在两年前去世(享年83岁)。母亲比父亲大7岁,据说两个人是当时少有的自由恋爱结婚。父亲去世的第二天,母亲便患上了脑梗死,住进了医院,失去了行走能力。而且,她的痴呆症越发严重,看护等级为五级,甚至连蹩脚的对话,也是偶尔才能表达清楚。

我问她:"你想要什么?"她回答:"想要鞋子啊。"于是我为她买了第二双"爱由美"。看到我买给她的茶色鞋子,她说:"这颜色多么好看啊。"虽然她再没有用自己的两只脚走过路,但我为她穿了好多好多次这双鞋子。谢谢。

青森县　户田昌子

连接自己和家的重要之物

9月12日夜，我的父亲平静地踏上了人生最后的旅程。8月上旬，他开始不能吃饭和走路，住院后，靠打点滴和接受透析维持了一个月的生命。

最终，他再没能站起来。父亲想回到深深留恋的家的愿望只能托付给他最后的鞋子——灰色的"爱由美"。即便是只能躺在床上，他也一直穿着"爱由美"。我深深感受到，对于父亲来说，"爱由美"是连接自己和家的重要之物。"爱由美"最终未能放入父亲的棺材。但在老家的玄关处，如今还摆放着父亲一直深爱的两双"爱由美"。

作为儿子，我向你们深表谢意。谢谢。

神奈川县　小林隆

人生第一次穿上鞋了哦

我的母亲在小时候遭遇车祸，导致左脚变形，不能穿正常的鞋，就只能穿拖鞋。80岁之后，她的腰腿越发不好，一次摔倒之后便骨折了。

不经意间，我了解到了"爱由美"，于是立刻买来拿去给她穿。她很高兴地说："这鞋的材质很柔软，穿上很舒服，我人生第一次穿上鞋了哦。"

第一双是在鞋店里买的，外穿用；第二双是邮购的，当作室内鞋。多亏了康复治疗和"爱由美"对脚的守护，从某种程度上说，母亲能生活自理了。但去年7月，她的身体状况突然恶化，不久去世了。于是，我将"爱由美"送给了为母亲的死惋惜不已的朋友。

我永远忘不了母亲高兴地说"人生第一次穿上鞋了哦"的样子。对于母亲而言,人生中第一次穿上的鞋,也是陪伴她走过人生最后时刻的鞋。那双"爱由美"鞋如今给了朋友的母亲穿。

静冈县　I·E

第3章　顾客的感谢彰显企业存在的价值

成为病友的希望之星

我现在77岁，因患上脊髓梗死病倒，如今已经五年了。医院的主治医师告诉我，99.9%的情况下我将一直瘫痪，下半身没有了神经。但我绝不、绝不放弃，靠着血、汗、泪水和信念，我一直努力着。

渐渐地，我看到了成效。我能挂着两根拐杖，穿着保护用具，穿上"爱由美"，从养老院走到外面了。为了能走路，我现在仍然流着汗努力着。五年间，我买了五双"爱由美"，两双的鞋底已经漏了洞。衷心感谢被我穿废了的鞋子。这五年间，"爱由美"与我的身体已经融为一体。为了实现梦想，我每天都在努力。

像我这样因脊髓梗死而病倒的人，从医学上看，没可能恢复成这样。抱着与"爱由美"

一起努力,成为病友的希望之星的想法,我走到了年末。

在北海道的土地上,贵公司的鞋子与一位77岁的老头一起在寒冷中坚定地前进着。它真是双该受褒奖的鞋子。

北海道　男性

第3章　顾客的感谢彰显企业存在的价值

大家夸我了

我的母亲世志江已经在轮椅上生活了28年。她那大小不同的两只脚穿鞋素来单调，而如今她也穿上了贵公司的左右尺码不同却刚好合适的、色彩鲜艳带有花纹的鞋子，接受日间护理。她带着满脸笑容回来了："大家夸我了！"

母亲给我留下了很多回忆，去年7月末（83岁），她在爱犬的身旁踏上了前往天国的旅程。脚上的时尚也很重要啊。

今后也请带给大家笑容。

爱知县　佐藤贤治

刺绣的名字证明父亲的存在

5月21日，父亲因衰老而去世，享年91岁。那是他在养老院生活的第9年。

入住这所养老院期间，他很喜欢穿贵公司的鞋子，非常中意鞋子上绣的名字。养老院的工作人员们也都夸鞋子好看。

我想，对于需要被照顾的身体来说，没有个性也没有时尚，鞋子上绣的名字是父亲存在的唯一标志。父亲得享天年，我已经满足，只是作为女儿感觉有些孤单。

东京都　M·M

第3章 顾客的感谢彰显企业存在的价值

十河先生和员工们每天都会收到这样的感谢信。于是,他们也渐渐切身感受到,自己制造的鞋子不只是无感情的商品,而是给予老人勇气、成为支撑老人生存、帮助老人感受行走喜悦的"希望"。他们从工作中得到了自豪感和满足感,也产生了深刻的自我认同感。

访问德武产业时,整个事务所和工厂都洋溢着明朗而温暖的气氛。当然了,大家并非嘻嘻哈哈,而是神采奕奕、聚精会神地工作。员工讲话声音洪亮、嘴角上扬。似乎所有的来访者都留下了这样的印象。因此,德武产业经常被来访者称赞:"诸位员工开朗亲切,充满善意。"这是因为员工对自己制造的商品充满责任感,也感受到了许多顾客的感激之情吧。这就是德武产业制造商品的原点。

据说,十河先生每次来公司,都会被员工们明朗的笑容拯救。可能会有人说,不管是不情不愿地做鞋子，还是充满喜悦地做鞋子，做出的商品都是一样的。但是，生产者是以何种想法寄出商品的，顾客是以什么样的心情穿着鞋子的，这些感受都会反映在商品上。因彼此的心被看不见的情感联结的"爱由美"，果然是与众不同的。

  我坚定地认为，德武产业的员工们明朗的笑容展示着鞋子制作者的骄傲和工作意义。

打开包装盒，映入眼帘的手写卡片

德武产业出售的每一双鞋都带着一张员工亲手写的"真心明信片"。明信片与鞋子一起放在鞋盒里。

开展手写"真心明信片"活动是在"爱由美"发售的第二年。每次访问养老院，十河先生都会注意到：养老院的工作人员像对待亲人一般照顾那里的老人，保证他们身体无恙。但是，老人们的精神状态如何呢？老人们都是想回家的吧。

我的母亲91岁时去世。她的晚年也是在养老院度过的。虽然她没有说出口，但身为她的儿子，我还是深切地感受到了她的想法。在起居室短暂地说了几句后，我说："妈，我该回去了。"要回去的时候，她身影孤独地站在养老院的玄关处目送我。

我出生在北海道，母亲入住了札幌的养老院。北海道的冬夜极其寒冷。回忆起来，即便我说"外面冷，到这就可以了，回房间吧"，她还是特意出来，缩着身体，不停地挥着她的小手。那个身影令我难忘。大概就算已经看不到我的背影了，她也还是会在那里一直挥手吧。

十河先生来访，住在养老院的老人们都感到开心；他离开时，老人们都会露出寂寞的表情。老人一旦住进养老院，便极少能再回家了，甚至连见亲人一面也越来越难。有数据表明，家人探望老人的次数逐年下降，第二年会下降至第一年的一半，第三年又会变成第二年的一半。

养老院里的老人们经常露出的寂寞表情，是因为想回家，想见家人吧。在双亲去世后，大多数子女都会胸中一紧，产生后悔的念头……其实，

第3章 顾客的感谢彰显企业存在的价值

我也是这样的。怎么做才能让老人露出笑容呢？怎么做才能帮他们排遣见不到家人的寂寞呢？

十河先生最终想到了在鞋盒里放入手写的明信片的点子。他要求员工站在孙子或孩子的立场上手写卡片，放入鞋盒与鞋子一同寄出。人上了年纪以后，就很少收到信件和明信片了，朋友、亲戚、交往的人也越来越少，打开邮箱也只有报名申请表、广告纸和小册子。如果打开商品的包装盒，发现有寄给自己的手写明信片，老人们该多么高兴啊！我想，收到信的人应该能感受到人与人之间心灵相连的快乐。

于是，十河先生向员工下达指示，让大家写信表达自己的想法。字写得好坏都没有关系，用心才重要。因为不知道会寄给什么样的人，因此信的内容多以季节问候为主或是表达感谢：快到樱花盛开的季节了。枫叶已是正红。新年将近，新年快乐！用这份命运的相遇祝您幸福，祝您常怀笑容。许多老人会将包装盒中的信叠得整整齐齐地收藏起来。

员工们手写的明信片

裕子夫人也会将员工们写的明信片一一过目，检查是否有不用心的和不合适的表达。真心明信片得到了极好的评价。许多老人在买"爱由美"的时候，非常期待打开放在里面的真心明信片。

公司还在所有商品中放入了调查问卷。这是

因为研发"爱由美"的时候,听取了500位老人的意见,公司切实感受到了收集真实试穿感受和意见的重要性。为了表达感谢,两年间,公司会在寄回调查问卷的老人的生日之际,给他们寄送祝贺信和礼物。虽然只是薄礼,对于老年人而言却是惊喜。调查问卷的反馈率越来越高,如今,公司每个月要向3000人寄送生日祝贺信和礼物。虽然是未曾谋面的顾客,但是通过亲手写的明信片和生日祝福,员工和顾客的心连在了一起。

接下来为大家展示顾客给德武产业员工的亲笔信和感谢信。

仿佛小阳春的阳光

我62岁,因脑出血而左手左脚麻痹,至今已经4年了。遇到的"爱由美"室内鞋,我视若至宝。

以前,我不能穿拖鞋,脱下袜子,留下了许多冰冷的回忆。但今年冬天应该是个暖冬吧。小绿(员工名)稚嫩的书信向我心中吹入了温暖。患病时留下了痛苦的回忆,这双鞋就仿佛小阳春的阳光一样温暖了我。

从今往后,你也会用心地工作吧!希望还有机会给你写信。

山口县宇部市　西村彬子

第3章　顾客的感谢彰显企业存在的价值

穿上鞋，就是幸福

前天开始就急切盼望的鞋子终于到了，我感到非常高兴。非常感谢你们还送了我两双。

我充满喜悦地阅读了员工们温暖的书信。活在这世上被这样温柔地对待，使我忍不住落泪。

穿上鞋子，脚前端也很暖和，我一直穿着直到夜晚睡觉。穿上鞋，就是幸福。

从前，我总是只穿着袜子坐在轮椅上，脚前端冰凉，非常难受。而这双鞋刚好合脚。我觉得鞋子好像在闪闪发光。

如果您能真正理解我说的话，那真的是太感谢了。

埼玉县埼玉市　长谷川真智

脚上色彩鲜艳，自然会心情明朗

久违地收到了三谷先生（员工名）寄给母亲良江的信，我感到非常吃惊。在日本的某个地方还有人记得母亲，我感到很高兴，请允许我将书信和信封供奉于佛前。

…………

看到母亲穿着宽鞋带的茶色鞋子，一位女员工说："近藤太太，您穿的鞋真可爱啊！"一直表情僵硬、没有悲喜的母亲脸色一下子温和了。回想起来，这仿佛是昨天发生的事。

母亲珍惜地将这双鞋穿到了生命的最后时刻。她让我在她出殡时也将现有的鞋和配有宽鞋带的茶色鞋子一同放进去，希望在那个世界也不要因鞋而困扰。我想母亲也会高兴吧。

第3章 顾客的感谢彰显企业存在的价值

"爱由美"系列商品,多数颜色鲜艳,富有设计感,很受欢迎。我想,如果脚上色彩鲜艳,自然也会心情明朗,身边的人也会变得开朗吧。

我代亡母良江,衷心表示感谢。

神奈川县藤泽市　H.Y

"爱由美"是我的好伙伴

今年的生日也收到了祝贺信。我特别开心，谢谢你们。我有拇指外翻的困扰，忍耐了30多年后终于做了手术，之后便邂逅了"爱由美"。

因为只有一只脚进行了手术，所以我购买了康复用的左右尺码不同的鞋子，现在能走得更久了。第二年，我再次购买了左右脚尺码不同的鞋，接受了第二次康复治疗。现在我购买了刚好合脚的鞋子。我拥有四双色彩和设计都不同的鞋子，现在每天和它们一同度过。"爱由美"是我的好伙伴。

埼玉县　山越高子

第3章　顾客的感谢彰显企业存在的价值

全家人都想在德武产业工作

不知是不是由于平常就比较重视心灵的连接，经常有人说德武产业的公司氛围像家一样自由温暖。德武产业的离职率非常低，除了家庭和身体上的原因，这些年公司都没有人辞职。不单如此，全家人都进入公司工作的情况不断增加。例如，在德武产业工作的母亲邀请女儿进入公司，甚至母亲的妹妹也进入公司；也有妻子在德武产业工作，丈夫觉得"是个好公司"，特意转职而来。

为本书写"结语"的"珍惜人经营学会"会长坂本光司先生在其著作《日本最值得珍惜的公司》中说道："好的公司，是聚集了家人和亲人们的公司。"的确，如果自己工作的时候觉得"不想在这家公司工作"，也绝不会考虑让孩子和家人来这里工作吧。充分了解公司的员工也让自己的亲属来公司工作就可以证明，对员工来说，德武产业是令人心情愉快、非常有工作意义的公司。

慰问旅行的活动也为家一般的公司氛围做出了重大贡献。德武产业每两年举办一次全公司员工参加的慰问旅行，公司承担全部费用。

平成二十四年（2012年），全体公司员工参加了5晚6日的海外旅行。他们住在拉斯维加斯和洛杉矶，游览了科罗拉多大峡谷，还在拉斯维加斯体验了真正的赌博。那时，十河先生和裕子夫人给所有员工写了感谢信，还送每人1000美元现金作为礼物。对这个意外的惊喜，员工们既欢喜又感激，用这笔钱给家人和朋友买了礼物。

德武产业在福利方面下了很多功夫。充实退休金制度、延长休息日、加入癌症保险等自不必提，即便过了退休年龄，如果本人愿意，公司也有

第3章　顾客的感谢彰显企业存在的价值

完善的继续雇用的工作环境，所以现在仍有75岁的员工充满活力地工作着。

十河先生怀揣着这样的一个愿望：希望有缘来到德武产业工作的员工都可以感受到工作的意义，幸福快乐地工作。他曾经历过迫使三位优秀员工辞职的痛苦，"不想再经历第二次"的想法成为他改善员工待遇以及创造有工作意义的环境的原动力。

全员参与经营

失去优秀员工的经历教会了十河先生给员工机会，让他们亲自参与经营的重要性。

在中小企业里，所有的事最终都由社长拍板，社长理所当然地承担最终责任。换个角度来看，公司不仅属于社长个人，因为经营的成果会直接影响所有员工的生活。也就是说，所有员工都对结果承担着责任，无论这结果是好是坏。所谓强大的公司，就是全体员工自觉承担责任，每天都为之努力，并能激发积极性和找到工作意义的公司吧。

因此，虽说社长承担公司经营的最终责任，但并不是只要社长做好了就万事大吉。如果不把

第3章 顾客的感谢彰显企业存在的价值

公司变成即便没有社长也能顺利运营的强大组织，到了关键时刻，公司的存续将会变得十分困难。为此，员工必须拥有经营者意识，参与公司经营。为了实现这一目标，德武产业实行了一些计划。

十河先生在全体员工面前公开了自己撰写的《中·短期经营计划书》，促进员工参与经营计划。但是，仅靠这种方式培养员工的经营者意识是不够的。于是，十河先生让包括兼职人员在内的全体员工写一份名为《我的挑战》的决心书，与《中·短期经营计划书》一起公开。

《我的挑战》包括前期的成果、前期的反省、今年的目标三个部分。公司每年会举办一次这样的活动：全体员工回顾上一年的成果、反省自我，在此基础上立下今年的目标。而且，公司会将决心书与《中·短期经营计划书》订在一起做成册子，分发给大家。通过这种方式，全体员工明确了自己需要反省的地方和新一年的目标,因此会带着责任感和经营者意识为目标而努力,即便不情愿,也会逐渐萌发出参加经营计划的意识。接下来为大家展示《我的挑战》的例子。

我的挑战

1. 前期的成果

向缩短工时、延长雇用过渡,将家庭放在最重要位置的同时,也遵守与自己的三个约定,即感谢工作,遵守提交日期、保持无加班,总是能认识到自己的职责。

2. 前期的反省

因为工时缩短,我几乎没能参加公司的志愿活动和清扫活动,为此我一直感到十分抱歉。那时,垃圾点挪了地方,我离新地点很近,于是就趁着丢可燃垃圾的机会进行了30多分钟的除草和扫除。坚持了1个月左右,我觉得应该已经养成习惯了。

3. 今年的目标

本期开始将使用 A 软件输入外购工资,

因此先计划8月底之前完成外购地点的初期登录。接下来预定在今年之内,将以前的软件和A软件结合起来,进行二次检查,保证工资计算毫无遗漏。

管理部管理课S

第3章 顾客的感谢彰显企业存在的价值

我的挑战

1. 前期的成果

第三年结束了,在某种程度上,从去年开始我把握住了事业部的内部动向。与第二年相比,我更加了解商品了,特别是在实际业务方面,效率也提高了。

【具体的成果】

· 实际业务的效率提高了且出错率大幅降低。

· 公司外/内的交流频率增加了。

· 通过参加公司的会议,特别是新商品决定会议等,把握公司整体的动向、新商品的知识。

· 终止生产的商品的进度管理。

· 保证不缺货,能够活用库存。

·下期开始，我被调到营业部门，希望能灵活运用在业务课学到的经验，成为发挥连接作用的人才。

2. 前期的反省

①工厂视察·纠正

最终，我没能实现独自完成工厂视察这个目标，也没能积极地前往中国。

②实际业务落实能力

实际业务的执行速度和正确性与前期相比有了很大的提升，但是缺乏积极扩展工作的态度。这是需要反省的。

③持续性活动

检验自家产品的知识并没有想象中那样具备可持续性。下期，我将作为营业部的一员努力了解包含其他公司产品在内的产品信息。

海外事业部业务课 H

第3章　顾客的感谢彰显企业存在的价值

利用早会把握每个员工的情况

除了每年一度的《中·短期经营计划书》,《我的挑战》中还引入了早会制度。德武产业在每月伊始，开始工作前的一小时集结员工，召开早会。早会内容根据负责人的不同而有所不同，一般是确认重点实施项目的进展情况、本月主题、问题点与成果，并且以向员工提问的形式，提出本月目标。

早会上，十河先生不仅会分组详细检查基于经营计划的工作进展情况，而且会按顺序与所有的员工面对面对话。这样做的好处是十河先生可以掌握每个员工的状况，哪怕是最前线的员工。如果是达成目标的员工，十河先生会在大家面前表扬他；如果是未能完成目标的，十河先生也会询问原因。如果觉得问题在早会时间内难以解决，十河先生会在会后留下当事员工及其上级，更为深入地挖掘问题点，明确解决对策。

如此一来，不仅是十河先生，各部门的负责人也能把握目标实施管理，即便发生意外情况也能尽快采取应对措施。对此，十河先生说："我想，如果认真做到这些，就不会像第一次出现赤字时那样，到了快要决算的时候，遭遇'为什么到了这个地步还置之不理''为什么不早点报告'这样的危机，就会避免不负责任地责备员工。"

第3章　顾客的感谢彰显企业存在的价值

装奖金的信封里有社长的亲笔信

由于在日常工作中就注重与员工的心意沟通，所以发奖金的时候，十河先生就能对员工提出具体的表扬。

德武产业的奖金并非通过银行转账的形式发放，而是将现金放入信封当面交给员工。除了现金，信封里还放着十河先生给每位员工的亲笔信。员工们收到奖金的时候，也会读到十河先生的信。有的人读了信后，潸然泪下。

信中这样写道：

S，你这期非常努力。特别是关于○○项目和□□项目，我非常钦佩，你很了不起。你对德武产业的贡献非常大。

关于△△项目，你也是克服了种种困难的。我在背后一直细心地观察，你完美地克服了一个又一个困难。我想那是你成长的最好证明。如果是三年前的你，也许做不到吧，但是现在的你做到了。我觉得你很了不起。

如果你能稍微丰富些商品知识，能够指导部下的话，还可以进一步成长吧。你的女儿明年就要上小学了吧，我想你明年一定十分适合管理职位了。为了你女儿，请加油吧！

第3章 顾客的感谢彰显企业存在的价值

读了这封信,员工十分感动:"原来社长在这么认真地观察我。"

因为要一边回忆员工的情况一边书写,十河先生写每封信都要花费 20 分钟左右。德武产业大约有 70 名员工,70 名×20 份 = 1400 分钟,也就是说光写信就要花费 23 个小时左右。但是,十河先生深刻地明白,这 23 个小时将很大程度上加深员工和自己之间的信赖关系,因此不会感觉辛苦。

利用木鸡会促进员工成长

为了将帮助老年人和残障人士的商品送到顾客手中,需要员工发挥人的能动性。某次,相识的经营者将木鸡会推荐给了十河先生。于是,十河先生以致知出版社出版的月刊《致知》为阵地,创办了谋求人的成长的"社内木鸡会"。

"木鸡"一词来源于中国的庄子,指的是不为任何事所动的强大心灵。"社内木鸡会"源于致知出版社倡导的社内学习会,其特征是互相注视优点,互相认识。该学习会每月开展一次集体学习,全体员工一起读《致知》,思考课题项目。通过抽签分组,每组 3~4 名成员,在组内表达自己的感想。学习会的目的有三点:(1)体验用自己的语言表达感受的快乐；（2）倾听别人的意见，发现彼此的优点，学会称赞；（3）体验分享的喜悦。

公司全体员工都要参加"社内木鸡会"，社长和监事等经营干部也不例外，即使身处东京营业所的员工也需通过 skype 参与。通过学习会，员工能与日常接触不到的同事和职责不同的同事深入交谈，这有助于公司内的交流更加深入。并且听取各种各样的意见，也有助于员工的成长。

十河先生每次都有新的发现："这位员工在想这些事啊。"学习会产生了非常好的效果。学习会上或针对一个主题深入思考，或被别人的意见刺激，这都会成为员工成长的机会。十河先生也期待着，通过培养人才为德武产业的产品注入温暖的心意。

每日清晨的扫除与志愿活动

清扫活动也是帮助人成长的一个尝试。十河先生每天早晨都会清扫公司周边，员工们也在工作开始前三四十分钟走出公司，清扫公司附近的停车场、步行公园和周围的道路。炎热的夏季，他们用毛巾擦汗，寒冷的冬天，他们吐着白气，从未间断过。清扫结束后，员工们将清扫工具清洗干净，收拾到仓库里。

我去访问的时候，位于公司侧面的仓库里清扫工具摆放整齐，收纳有序，墙壁上整齐地悬挂着清洗干净的铁锹和其他作业工具。保养周到、整洁而摆放美观的清扫工具也是十河先生的骄傲。

"神明在细微之处"。十河先生认为，公司的

第3章 顾客的感谢彰显企业存在的价值

品格体现在这些细微之处。他认为,尊重、珍惜每一件清扫工具的心情与缝制鞋子的一针一线、接待客人时所说的字字句句息息相关。十河先生期望来公司参观的人去参观保管清扫工具的仓库,也是希望他们深入了解德武产业的本质。

勤于清扫是德武产业创立之时就有的传统。公司创立人德武重利先生(十河先生的岳父)的夫人静子女士(十河先生的岳母)与工厂长每天早晨都会一起清扫工厂。清新的早晨帮助员工们整理心绪,使员工们面对工作的心情焕然一新。德武产业的员工们从早晨开始就心情愉快、充满活力,也许就是开工前的清扫工作在发挥作用。

每天在工作前开展的厂内清扫活动,是希望大家都带着好心情工作。如今,除了清扫周边的道路,德武产业还开展志愿活动,定期到集会所、公园和养老院进行清扫。

事实上,清扫活动能扩展至此源于当地人的

抱怨。那时，十河先生已经做了几年社长，工厂正全力生产旅行用拖鞋和家居鞋，每天都作业到深夜。公司毗邻的田地的主人来到公司抗议："都是因为你们公司，稻子长势都不好了。你们怎么补偿！"的确，工厂到了深夜还灯火通明，而稻苗对光照很敏感。如果工厂的灯光给稻子的生长带来了影响，那么这将给以农业为生的人带来严重的困扰。

一直在担心交货期延迟、急于增加销售额的十河先生深刻反省了自己，为这种只考虑公司利益，不考虑他人的行为感到羞愧。十河先生立刻安排人在工厂的窗户外安装了遮光帘，防止漏光。另外，公司停的车都要车头朝向田地，避免排出的尾气影响稻子。

只做这些还是不够。员工的通勤车和公司的运输车确实给当地人带来了麻烦。十河先生想："德武产业正是因为有许多人的支持才得以存续。

第3章 顾客的感谢彰显企业存在的价值

必须给这些支持公司的人一些小小的'补偿'。那么，我们到底可以为支持公司的当地人做些什么呢……"

思索良久之后，他开始发起了地域清扫志愿活动。除了周边的道路，他们也清理田地水渠中的垃圾和杂草，保证水流顺畅；他们还定期在周围1公里范围内捡拾垃圾、空罐、塑料瓶等。

公司附近新建了一所中学，中学生们每天要通过德武产业总公司右侧的马路去上学。而放置清扫工具等物品的仓库几乎正面对着那条马路。于是，公司在仓库旁边建立了一间厕所，希望随时能为学生们提供方便。员工们为了让使用厕所的人心情愉悦，在里面装饰了鲜花。当然了，这间厕所总是干干净净的。十河先生希望通过传递感激之情，为地区做贡献，同时促进公司员工的个人成长。

用个人财产修整里山与建爱由美公园

那时，十河先生坚持除草以及整备公司附近农田的水渠。某天，田地的主人主动来找十河先生说："你能买下我的地吗？"因为后继无人，所以主人希望把田地卖给总是帮自己做清扫工作的德武产业。对于农民来说，从先祖那里继承来的土地是要用性命守护的重要财产，而田地主人却说想要卖掉。十河先生是农民家庭的长子，深刻地理解那份心情。他回答田地主人："我会好好使用的。"随后他心怀感恩地买下了。

于是，附近的许多人来找十河先生，希望将地卖给他。也许他们想着，如果无论如何都要卖掉，还不如卖给用心对待田地的德武产业。慢慢

第3章 顾客的感谢彰显企业存在的价值

地,总公司的用地面积越来越大。

2007年,总公司在旁边新开了一家物流中心。因为有了一处生产和物流据点,员工们的负担大大减轻了。十河先生和裕子夫人还在物流中心旁边空余的土地上,用个人财产修建了供员工们休息的场所,作为创业50周年的纪念。他们在那里铺上草坪,种上许多树木,又放置了花坛和长椅,将其命名为"爱由美公园"。天气好的时候,员工们就会在公园里吃便当、聊天,放松心情。如今,公司旁边建成了"爱由美总店",这处公园就成为顾客休憩和试穿鞋子的场所。

物流中心于2015年迁到了宇多津町的新物流中心。新物流中心将一部分建筑出租来获得收益,同时也确立了汇集物流的新体制。

另外,十河先生还在努力地做一件有益于员工和当地的事——修整里山。它是德武重利先生买下的山,距总公司大约十分钟的车程。里山位

爱由美公园

于长尾町，面对着澄澈宽广的湖水，绿意盎然，景色十分美丽。重利先生非常喜欢这里的景色。十河先生仍记得初次来此地时，被"仿佛心灵的绿洲"感动的心情。之后，十河先生投入个人财产，修整这座长期无人问津的荒山。

修整荒山并非易事。山上的竹子长得密密麻麻，十河先生每逢休息日便来到山上满头大汗地砍竹子，慢慢地修整。他想将如此美丽的景色留

第3章 顾客的感谢彰显企业存在的价值

给员工和当地的人，留给后世。

如今，修整里山在持续进行中，十河先生在山上种下了4000棵山樱苗，想必不久就能看到整座山被盛开的樱花覆盖，花瓣落到池塘里的美丽景色了吧！十河先生还种下了扁柏苗，百年后它们应该会长成参天大树吧！那时候，尽管十河先生已经不在人世了，但是他种下的柏树仍然寄托着他希望德武产业成长为了不起的企业的愿望。

十河先生还在山上设置了多处可供吃便当和休息的木椅、木桌和木露台。如果来到这里，你就能在葱茏的绿意和婉转的鸟鸣声中，悠闲地享受森林漫步的乐趣。员工们和当地的人都可以自由攀登此山，尽情享受休闲时刻——这也是十河先生的愿望。

如今，十河先生卸下了会长的职务，时间也充裕了。每天早晨，他从家出发步行30分钟到里山。到了山上，他就开始清除多余的树木和杂草，修整山路。在他做体力活儿的时候,夫人裕子从家出发,带着茶水和饭团来到山上。桌上摆放着山上长的香草制成的茶和点心,阳光透过树叶照射下来,夫妇二人享受着茶水,这是无比幸福的时刻。吃饱喝足之后,两个人一起工作。

2017年春天开始,里山的樱花便开始绽放了。2019年,员工们带着全家来赏花。里山中回荡着孩子们和大人们的欢声笑语,仿佛整座山都被幸福包围着。祝愿员工们、顾客们,以及当地的所有人能一直幸福下去。十河先生怀揣着这个愿望,勤勤恳恳地修整里山。

第 4 章

顾客的喜悦
激励着德武产业持续创新

第4章　顾客的喜悦激励着德武产业持续创新

用定制鞋满足顾客需求

作为日本首双老年人专用的护理鞋，"爱由美"的销量不断攀升。为了扩大"爱由美"的销售渠道，十河先生忙碌地奔走于全国各地，裕子夫人则全身心从事产品的研发工作。除了"爱由美"，公司又陆续研发出了许多护理鞋。

一次，裕子夫人对十河先生说："老年人的脚各不相同。我觉得可以出售单只鞋和左右脚码数不同的鞋来满足他们的不同需求。因为我们做的是护理鞋，肯定会遇到来自客户的更加烦琐的问题。如果有客人迫切需要我们做某种鞋，就算我们想做，也没有这个技术，而且费用也过高。我希望你能思考一下，看看我们能为困扰不已的客人做些什么。"

对于疾病而导致双脚肿大或脚部发生了严重变形的人来说，普通的康复鞋和护理鞋确实是不够的。这些人甚至会因为找不到可以穿的鞋而放弃穿鞋。"说不定，我们就是他们最后的希望了。"一想到这些，裕子夫人和十河先生就坐立不安。无论对什么要求都不能说"No"，这是十河先生的态度。但是想做特别定制的鞋，除了要了解制鞋，还必须拥有相关疾病的知识和护理经验。

十河先生委托当时关系十分亲密的义肢器具制造公司帮忙制造特殊的鞋。但这种鞋子实在太贵，而且义肢器具制造公司对像十河先生这样的制鞋业的新手进入这种专业领域也有顾虑。因此，十河先生公司制作的鞋被定位为只能在佩戴义肢器具的初期阶段使用，义肢器具制造公司在这个过程中再制作附加值更高的器具。

完全根据订单制作鞋子的成本过高，还需

第4章 顾客的喜悦激励着德武产业持续创新

要高度专业的知识。这时，十河先生和员工们集思广益，想到一个办法：制作固定型号的鞋子，然后根据每双脚的情况来替换部件，即制作"定制鞋"。

这种定制系统与男士服装的定制流程相似，即定做并非从零开始制作，而是先生产订单较多的版型，然后根据客人的要求来加工某一部分。具体而言，公司需准备好经常出现的5E、7E、9E等JIS规格里没有的宽版鞋，还有6L、7L、8L等脚长的木制模型，鞋带的长度和开合的方向等就用事先准备好的基本型来制作。同时根据客户的要求，准备好一定数量的可以调整高度的鞋底。当顾客提出需求时，只要将一个个要求组合起来，就可以将符合顾客要求的商品用较低的价格尽快生产出来，例如，随时可以制作宽度为9E、鞋带的长度增加1厘米、鞋底厚度增加1.5厘米的鞋。

与根据每只脚的情况进行特别定制的方法相

比，这种方法不仅可以降低成本，能够以较低的价格为顾客提供商品，还可以在较短时间内交货。短时间内能够收货对顾客来说也是十分重要的。能尽快将鞋子送到顾客手上，也是件开心的事吧。

第4章　顾客的喜悦激励着德武产业持续创新

顾客的喜悦鼓励着德武产业

如今，面向一般顾客的护理鞋已经在中国工厂进行大批量的生产，只有特别定制的鞋子还在日本公司本部的工厂逐只生产。

公司有接收订单、询问顾客详细要求的接单队伍，有将部件一个个缝合起来的缝制队伍，有将部件组合起来形成完整鞋子的组合队伍。各部门各司其职，认真做好每一只鞋。

而通过"部位定做系统"下了定制鞋订单的顾客，都是一些因为没有合脚的鞋子而放弃穿鞋，或者虽然感觉疼痛，但是一直强忍着穿鞋的人。想到这些人都在等着"爱由美"，员工们就更用心地制作鞋子。公司每天都会寄出很多双倾注了制鞋人感情的鞋子。有位员工说："鞋子发货的时候，就好像把我最心爱的女儿嫁出去了。我一边说着'一定要好好珍惜这鞋啊''能有用就最好了'，一边把鞋子寄出去。"

我担任常任理事的"珍惜人经营学会"正在筹备评选"日本最值得珍惜的公司"活动。这个奖项是以《日本最值得珍惜的公司》这本书的发行为契机开始的，今年已经是第九届了。如今，该奖项已经成为继经济产业大臣奖、厚生劳动大臣奖以外，授予优秀企业的最有价值的几个奖项之一。

如序言里所说，德武产业获得了第二届"日本最值得珍惜的公司"大奖"审查委员会特别奖"。作为审查委员，我也参与了审查。这个奖项的审查标准中有如下两条：顾客中的70%以上都是口口相传或者经介绍而来，或者是回头客；公司每年都进行顾客满意度调查。

第4章　顾客的喜悦激励着德武产业持续创新

顾客满意度是顾客反馈给公司的信息。待人友善、自身强大的公司当然会重视顾客，顾客满意度也会很高，所以这条审查标准可以说是不可或缺的。无论是什么行业，无论企业状况如何，充分考虑顾客的需求来提供商品和服务的公司都会收到很多感谢。

德武产业当然也不例外，总会收到顾客及其家人寄来的感谢信。有人写信描述了自己曾经放弃外出，现在凭借自己的双脚又可以出门的喜悦；有人写信表达得到了非常合脚的鞋子，终于不用再忍受痛苦的激动；等等。这些来自顾客的声音每天都在鼓励着十河先生和员工们。我来介绍几个例子吧。

谢谢你，公公

我公公在上个月18日去了天国。他在轮椅上生活了12年，一直在自己家里很努力地生活着。我们家一直以来都追随着公公的生活模式。公公去世之后，我们仿佛泄了气，失去了紧张感，心也变得不安起来。

公公的右脚残疾，肿得十分严重。我总会想起他收到贵公司的定制鞋时那张开心的脸。公公嘴里总是念叨着"谢谢，谢谢"。

但是真正应该说"谢谢"的其实是我。谢谢你们给了我如此珍贵的体验，真的谢谢德武产业的诸位一直以来的关照。

老爷子白天接受看护出门前，我们为他穿鞋，他笑眯眯的，看上去很开心。公公在家爱穿你们公司的鞋子，出门也爱穿你们公司的鞋子。感谢你们接受我这样烦琐的订单。

新潟县　诸桥悠纪

我有一双叫作"爱由美"的鞋子，所以有勇气面对未来

三年前，我患病，双膝以下浮肿得令人难以置信。夏季还能想些办法，穿凉鞋熬过去；一旦快到冬天不能穿凉鞋时，我就感到非常苦恼。

我去过许多鞋店，但是总是抵触护理靴、护理鞋。就算是有"容易穿"的鞋，也塞不进我这32厘米的粗得如大象脚一般的脚腕，脚趾甲周围也有32厘米。那时，从事看护工作的姐姐知道了我的情况后，送给了我一份礼物，那就是贵公司的"爱由美"护理鞋。我的脚竟然也能穿得上！当时我激动得难以言表。

后来，每次我去家附近可以买到贵公司鞋子的店铺询问时，都能马上获得答复。如

第4章 顾客的喜悦激励着德武产业持续创新

果我没有遇到贵公司的"爱由美",可能至今仍然不能外出。我并不是残疾,仅仅是脚部肿胀。我想要一双能穿得进去的鞋子。一想到这些,我就心存感激。

现在,托贵公司的福,以前严重的浮肿症状已经缓解了,哪怕很紧的高筒靴我都能穿得下了。但是,我的病还没有治好,谁都不知道什么时候还会出现之前的症状。但是,我有一双叫作"爱由美"的鞋,所以有勇气去面对未来。

远藤雅子

给长期卧床的人做鞋子

对研发新产品满怀热情的裕子夫人做了一双前无古人的新概念鞋子,那就是即使长期卧床的人也能穿的床上用鞋。"床上用鞋"是一个人们还没有听习惯的词,正如字面意思一样,这是一种睡觉的时候可以在床上穿的鞋子。也许有人会想,都睡着了为什么还要穿鞋子呢?实际上真的有人需要这种鞋子。十河先生也是亲自调查之后才了解到这种情况。

某次,裕子夫人去了神户的养老院,听说有瘫痪的老人想见她一面,便到老人的房间拜访。床上躺着一个身材瘦小的老太太,注意到裕子夫人以后,她用微弱的声音说道:"能请你帮我做一

第4章　顾客的喜悦激励着德武产业持续创新

双我也能穿的鞋子吗？不穿鞋脚尖总是发冷。"

裕子夫人看了看她的脚。老太太好像在踮着脚尖，看上去十分僵硬。由于被褥的压迫和自身血液循环不通畅，长期瘫痪在床的人足部会变得僵硬，随后脚尖会向下伸展，无法恢复原状，变得像踮着脚一样。如此一来，脚尖就会发冷，加速僵硬，形成"僵硬—发冷—僵硬"的恶性循环。这种症状被称为马蹄样足。

老太太又说："不管套多少层袜子，脚尖也总是发冷，因为这个我几乎无法入睡。如果有一双在床上也可以穿的鞋子的话，脚尖就不会发冷了。"

听到老太太的愿望，裕子夫人觉得胸口好像被揪紧了。她马上和十河先生商量："那位老太太每天都因为脚尖发冷而痛苦到无法入睡，为她做些什么不就是我们的使命吗？对那位老太太而言，除了我们，她实在没有别人可以拜托了。"

床上用鞋的需求量很少。说实话，这绝不是一个好的商机。但是需要帮助的人就在眼前，十河先生无法置之不理。这是德武产业的创业原点。因此，十河先生马上回答道："给她做，现在就做！"

于是，裕子夫人开始为患马蹄样足的人研发在床上也能穿的床上用鞋。三个月后，裕子夫人拿着做好的床上用鞋去了养老院。老太太看到鞋子，流下了喜悦的泪水。裕子夫人把床上用鞋穿在老太太那因常年瘫痪在床而萎缩的脚上。那双粉色的床上用鞋薄薄的，穿在老太太脚上，仿佛一朵盛开的花。

"谢谢你。这样一来脚就不会发冷了吧？"老太太用几乎无法动弹的脚感受着床上用鞋的触感，开心地说，"一穿上这双鞋，不知道为什么，感觉自己能走路了，真开心啊！"老太太握着裕子夫人的手，一直没有放开。老太太平时把脚放在被子里，从外面看不到鞋子。但从那以后，老太太却能一直感受着床上用鞋的柔软触感，一直开心下去。

我们这些健康的人傲慢地觉得，瘫痪在床又无法行走的人是不需要穿鞋的。但即便是瘫痪在床，想穿鞋的也大有人在。只要还有想要穿鞋的人在，十河先生就绝不会放弃做鞋。

轮椅青年的自画像成为最珍贵的礼物

有一次，一位坐在轮椅上的青年来到德武产业。青年患有肌营养不良症。这种疾病导致肌肉萎缩，肌肉的力量一年比一年弱，渐渐无法行走，最终患者只能在轮椅上生活。有位朋友曾对他说："我因为'爱由美'鞋受益良多。你一定要去看一看这家企业。"后来，青年开始在四国地区旅行，拜访了盼望已久的德武产业。

"如果能符合他的期待就好了。"十河先生一边担心着，一边和夫人裕子一起等待着青年的到来。那天来到公司的，是一位戴着眼镜、看上去很聪明的青年。虽然患有严重的疾病，但他还是给人一种阳光开朗、朝气蓬勃、非常清爽的感觉。十

第4章　顾客的喜悦激励着德武产业持续创新

河先生立马发现了他的脚上只穿着袜子，没有穿鞋！一般情况下，就算是坐着轮椅、无法自己行走的人，在出门的时候也会穿上鞋子的。十河先生问道："为什么不穿鞋呢？"青年带着笑容说："因为脚变形了，没有能穿进去的鞋子。"

青年说，他在小学高年级的时候患病，初中二年级的时候，病脚变形。从那以后，就再也没有能穿得上的鞋子，他一直都是像这样穿着袜子生活的。与十河先生见面的时候，青年28岁了，他已经14年没有穿过鞋了。

十河先生马上将负责定做鞋的员工叫过来，量了青年的脚的尺寸。之后指示员工现场给他做出合脚的鞋。一小时以后，鞋做好了。

"能穿得上吗？"最初，青年是半信半疑的。但是员工将鞋子套上他的脚的一瞬间，他的眼睛湿润了，眼泪掉了下来。14年以来，哪怕外出的时候，他也一直只穿着袜子。鞋子穿上脚的一刹那，他百感交集。

　　有的人甚至连外出穿鞋这样简单的事也做不到。看到这一幕，青年身旁的十河先生一行人也情不自禁地落泪了。对于一直以来只穿袜子的青年而言，找到合脚的鞋的喜悦之情一定是超乎十河先生的想象的。他无数次低头看向自己的脚，

青年赠送的自画像

第4章　顾客的喜悦激励着德武产业持续创新

开心地凝视着那双穿着鞋的脚。听说，他穿着这双鞋周游了四国地区，还去看了一直想看的坂本龙马像。

过了一段时间，公司收到了一个大包裹。一看寄件人，才发现包裹是坐着轮椅的青年寄来的。包裹里放着他的自画像，画中的青年坐在轮椅上，穿着米黄色的"爱由美"，面带微笑地望着前方。旁边写着一行字："我找到了能穿得进去的鞋哦。"

如今，那幅画被镶进画框，装饰在公司总部的玄关处。每次到公司上班，十河先生都觉得画框中穿着"爱由美"鞋的微笑着的青年，似乎在同他打招呼。这幅画已经成了德武产业最珍贵的礼物之一。

悉心钻研产品细节，瞄准三五年后

德武产业至今仍在持续研发护理鞋。某个从事研发的员工说："老年人的脚会随着年龄的增长发生变化。哪怕鞋子现在合脚，但是等到明年、后年的时候就不一定合脚了。我们必须考虑到三五年后的情况来设计鞋子。"为此，以裕子夫人为首的研发队伍从未停止向开发更好的产品迈进的脚步。

哪怕是护理鞋中的外出用鞋，也有很高的技术要求。鞋面的原材料必须分为左和右、里和外，分别根据不同的形状来对其进行加工。另外，制鞋时还需要将鞋子的内衬、芯子和鞋底的橡胶等组合起来。又因为是专给老年人穿的鞋子，还必

第4章　顾客的喜悦激励着德武产业持续创新

须轻便、柔软、合脚、舒适。为此，裕子夫人和研发员工不断寻找最适合做鞋子的材料和配件，以便做出最能满足老年人需求的鞋子。

终于，被称作"W魔法"的鞋子诞生了。该系列的鞋子鞋面的开口部分很大，可以轻松地把脚放进鞋子里；鞋子使用尼龙搭扣，可以调整鞋带的松紧程度。就算脚部浮肿，也可以根据脚部状态自由地调整。这款商品成为"爱由美"的主打商品，一经发售便引起了轰动。

"弹力橡胶鞋"和"防滑懒人鞋"等产品在鞋面部分使用具有伸缩性的橡胶，可以让人在站着的时候就能轻松地穿脱鞋子。

此外，公司还有种类繁多的鞋子：有在鞋底进行过特殊加工、抓地力强的鞋子，有脚趾的部分全部开放、穿脱容易的鞋子，还有在脚跟部分打开缺口、方便装义肢的鞋子。

其中有些鞋子几乎没有利润，但是十河先生

和裕子夫人都认为只要有顾客需要，就要把他们需要的鞋子以合适的价格做出来。鞋的种类越来越多，收到的感谢也越来越多。德武产业在不断回应顾客的感谢之中于2017年迎来了创立60周年纪念。

为了能在这之后的50年、100年收获更多的感谢，为了成为日本制造商中收到最多感谢的企业，德武产业今后将继续把研发新产品作为自己的使命。

第 5 章

建立为所有人带来幸福的公司

第5章　建立为所有人带来幸福的公司

起初为缝制防寒手套的副业

　　德武产业究竟是如何发展成如今这种规模的呢？让我们来一探究竟吧。

　　德武产业的根基是裕子夫人的父亲——德武重利先生创办的手套工厂。创始人重利先生与德武家的继承人静子结婚，成为德武家的童养婿。当时，德武家以农业为生。但是重利先生预料今后的时代，工业将比农业更有前途，加上他本身精于机械修理，便卖掉了田地，开了一家小小的汽车修理厂。我想，卖掉德武家从先祖处继承而来的、代代相传的土地，开始一个新的产业，这一定是一个非常艰难的决定。

　　屋漏偏逢连夜雨，重利先生因病住院了。静

子夫人为了抚养包括裕子在内的五个孩子,在工厂的一角开了一间小小的餐厅——堇花食堂。听说这间餐厅很受欢迎,但是静子夫人因为过度辛劳,病倒了。

静子夫人的弟弟德一先生实在不忍心对这家人坐视不管,于是向他们推荐了一份缝制防寒手套的副业。因为靠近一个大规模的手套产地,所以在当地承接缝制防寒手套业务十分普遍。凭借天生的巧手,静子夫人最终将事业发展到需要雇用附近主妇的规模。出院后,重利先生也加入其中。昭和三十二年(1957年),夫妇二人创办了手套缝制工厂。这就是德武产业的出发点。

开始,手套缝制工厂的生意非常不错,但是由于需求减少、季节变换(暖冬等)等因素,手套的销售情况不乐观,收到的出口订单也由于美元冲击、汇率变动而极不稳定。看到当时的日本正在大规模建设住宅小区,在室内穿的拖鞋和阳台穿的凉鞋需求量增加，善于分析时代形势的重利先生决定将产业重心从缝制手套转移到生产家用拖鞋上来。

产业重心转移后，公司也有过经营不佳的时期，据说还一度走到了山穷水尽的地步，经历过解散。但是在解散两周后，被解雇的员工们又回来了，他们说："社长，工资什么时候发都可以，请让我们一起工作吧。"

德武产业鼓励社长和员工成为一体的社风大概就是从那个时候开始孕育的吧。困境中，社长夫妇为员工着想，让有家庭的员工早点回家，而自己却熬夜做拖鞋。公司员工们看到重利先生和静子夫人面对缝纫机工作到深夜的身影，应该也备受感动吧。

重利先生有一句口头禅"不会有比山还大的野猪"，意思是"没有无法解决的困难"。这句话已经成为企业的 DNA，刻在了每个员工的内心深处。

"挽狂澜于既倒，扶大厦于将倾"的是偶然开始制作的便携式旅行用拖鞋这一业务。当时，公司才刚刚加入商社，拖鞋订单主要集中在旅行公司。重利先生与旅行公司通过多次直接谈判，于昭和四十三年（1968年）成功将交易方式更改为直接交易。

第5章 建立为所有人带来幸福的公司

为公司选继承人

重利先生与静子夫人没有儿子。裕子小姐作为长女，自然是公司的继承人。但是重利夫妇深知经营管理公司的不易，因此并不希望裕子小姐继承公司，而是希望她可以和上班族这种手捧铁饭碗的人结婚。当时，身为银行职员的十河先生在外出谈业务的时候，获得了客户德武产业的社长——重利先生的青睐。后来，他被选为裕子小姐的结婚对象。

十河家以农业为生，不是什么大户人家。而十河先生作为家中长子，从小学高年级就开始下田，帮家人干农活了。整个初中和高中时代，十河先生为了早早回家帮忙干农活，从来不参加社团活动。十河先生确信不管是体力还是精神自己都比别人强一倍，可能就是因为早早开始帮忙干农活儿吧。

然而，仅仅依靠农业的收入是极有限的。比起辛苦侍弄庄稼，父母更希望十河先生可以当个拿稳定工资的上班族。十河先生也希望能早日卸下父母肩上的重担，因此放弃了进入大学学习的机会，进入了工资可观、工作稳定的银行工作。

刚进入银行的时候，十河先生都没有定做西装的钱，只能穿着学生服上下班。第一次拿到薪水之后，他终于买了西装。母亲看着儿子系着领带的模样，喜极而泣。十河先生也想着，自己终于成为工作稳定的银行职员，接下来也有能力孝敬双亲了吧。

对于十河先生来说，银行职员的生活简直像做梦一样。他能拿着可观的工资，在干净的办公室工作；银行还有赏花会、忘年会、旅行等各种各样的

第5章 建立为所有人带来幸福的公司

活动，每次活动都能吃到许多美味佳肴。可能是那时在经济方面没有太富余，十河先生觉得每天的生活都非常开心。为了报答给了自己这种生活的银行，十河先生每天都拼命工作，无论下雨还是下雪，他都热情洋溢地去客户那里提供服务。客户也十分信赖十河先生。终于，在进入公司四年的时候，十河先生的营业成绩在分店排名第一。

十河先生觉得自己作为银行职员的工作是有价值的。例如，他曾经帮助业绩不佳的自行车小店重建。那家店杂乱不堪，连商品上也沾着污渍。十河先生首先说服了店主整理店铺。整理过后，配件和工具的摆放一目了然，店主不仅不用再浪费时间找工具，还能避免购买不必要的东西，造成亏损。同时，他还帮忙整理顾客的名单，并尝试着为这家小店做广告，比如在小学生上学的时候分发广告，宣传妈妈专用的自行车等。

通过这些举措，自行车店的销售额逐渐上涨，业绩回升，还出现了大额的盈余。十河先生觉得，身为银行职员能帮助别人，使店铺生意兴隆，是非常有成就感的事。

十河先生主要的工作是收款，但是并不只是简单地收回资金，有时也需要和客户"充分协商"。客户的业绩上升，十河先生也十分开心。"想要看到别人开心的样子"成为十河先生努力的动力。如今回头看，他"想帮助别人"的性格，也许与那时的工作是息息相关的。

重利先生对十河先生的评价是"努力工作的人"。刚开始和裕子小姐相亲的时候，十河先生的母亲刚刚因病去世，十河先生对吃饭、做家务之类的事情感到无所适从。裕子小姐也刚好到了组建家庭的时候，因此两个人的亲事进展很快。十河先生对初次见面的裕子小姐的第一印象是"认真的好女孩"。昭和四十五年（1970年），彼此印象不错的两个人在相遇三个月之后举办了结婚典礼。

第5章　建立为所有人带来幸福的公司

挑战新事物，迈向未知世界

结婚第二年，裕子夫人生下了长女，十河先生仍然做着银行职员，二人过着充实的生活。那时，裕子夫人的舅舅——在德武家做手套生意的德一先生希望十河先生能够去韩国做手套工厂的厂长。

德一先生靠做手套缝制公司起家，一直想扩大企业版图。他对十河先生说："我要在韩国开个工厂，已经确定了技术人员，但是还没有经营工厂的管理人员。你能去韩国做工厂负责人吗？"

虽然是来自舅舅的请求，但是十河先生的家人和亲戚都非常反对。那时，《日韩和平条约》刚刚缔结不久，韩国民众的反日情绪高涨。家人、亲戚们都觉得，好不容易谋到银行职员这份安稳的工作，却要去反日情绪正高涨的韩国从头开始建个工厂，也太强人所难了。这种情况下，只有裕子夫人鼓励十河先生："如果你想要试试看的话，那就去挑战一下吧。在未知的世界也许会很辛苦，但是你还年轻，一定可以跨过这个坎儿的。"

重利先生经常教育裕子："年轻的时候就要吃苦。"十河先生自己也觉得，当个银行职员未来是没有什么出路的。因为不管怎样努力工作，高中毕业的他都无法超越大学毕业的同事。他也见识到了很多营业成绩优秀的前辈，都是因学历壁垒很晚才出人头地。想到这些，他想要挑战一下新的事物。就这样，十河先生从工作了六年的银行辞职，带着裕子夫人和年幼的长女远赴韩国。那一年，他24岁。

工厂位于韩国南部靠近釜山的昌原市郊外的马山市。十河先生到达时，正是11月，天气极度

第5章 建立为所有人带来幸福的公司

寒冷。工厂里一无所有，一片狼藉。十河先生冻得发抖，还是打开了从日本带来的缝纫机箱子，开始安装机器。在语言不通的异国他乡，一想到从现在开始要做完全没有经验的工厂负责人，十河先生就紧张不安，感到巨大的压力。

十河先生到了之后才知道，韩国是一个极度讲究长幼尊卑的社会。在那里，年长的人会得到无条件的尊重，相反，年轻人就会受轻视。十河先生虽然是工厂的领导，但是由于年龄比工厂的干部都小，因此，不管他说什么，底下的人都满不在乎、敷衍了事。刚开始的时候，十河先生很受打击，甚至希望自己快点变老。

但是在和当地的人一起工作了一段时间后，十河先生又觉得自己与他们是一体的了。为了赶上交货日期，十河先生的妹妹与年龄相仿的女员工们连夜工作多日，大家互相帮助，度过了快乐的时光。

那时，工厂的产量逐渐增加，订单也在增加，因此不得不雇用大量女性员工。当时，韩国还比较贫穷，数百名女性前来应聘。为了尽可能地为社会做一点贡献，十河先生下达了关于录用标准的指示，即录用手指灵巧、家境贫困的人。

某次，十河先生去食堂视察，看到了令他大为震惊的一幕。尽管工厂允许员工中午拿便当来食堂吃，但是只有三分之一的人吃饭，剩下的三分之二都在饮水充饥。不知是不是这个原因，工厂的女员工因营养不良接连病倒。这样下去是不行的。于是，十河先生将原本为加班的员工准备的挂面和面包拿了出来，决定午饭也由公司负责。

女员工们都非常高兴。对于贫穷的她们而言，想要的就是钱和食物。工资这方面，时薪上涨比较困难，但长时间工作的话可以拿到加班工资。食物虽然并不精致，却是公司付钱，员工也算省了一笔开销。这就是十河先生经营公司的方式。

第5章　建立为所有人带来幸福的公司

工厂的运营步入正轨

就在工厂的运营逐渐步入正轨的时候，发生了一件大事。昭和四十九年（1974年），韩国总统朴正熙的夫人陆英修遭到暗杀。虽然犯人是在日韩国人，但是人们怀疑是日本在暗中操纵这一切，日韩矛盾一时激化。各地暴动频发，十河先生所住的外国人公寓也时常有机动部队驻守。

看着电视上连日以来都在播放的韩国反日运动的新闻，远在日本的裕子夫人的父母和亲戚纷纷催促十河一家回国。其实，新闻里播放的过激的反日运动只是极少的，身处韩国的十河先生并没有感觉特别危险。但迫于日本领事馆"如非工厂必要人员，全部回国"的要求，裕子夫人和长女，以及在韩国出生的二女儿还是回国了。

在韩国，只剩下十河先生一个人。即便外部反日运动如同暴风骤雨，工厂内部依然风平浪静。这是因为十河先生很早就通过工厂支付午餐餐费等方式，与当地的员工建立起了信赖关系。为了赶上交货期，大家此刻正团结一心，拼命工作。

正当韩国的工作逐步稳定的时候，社长德一先生来到了韩国。此时，韩国的工厂已经打好了基础，接下来的工作重点是强化基础。与德一先生交接工作之后，十河先生终于可以和妻儿一起在日本生活了。

离任那天，公司内部举办了送别仪式。仪式结束之后，十河先生走出来，看到等候的工人已经从走廊排到了工厂外。韩国人表达喜怒哀乐的方式十分直接，可以看出他们真的舍不得十河先生。十河先生一边与工人握手，一边沿着队伍往前走。一路上，很多工人痛哭，有的甚至紧紧抱住

第5章　建立为所有人带来幸福的公司

十河先生，使他几乎无法前进。十河先生受到感染，动情地哭了出来。这是充满泪水的离别。时至今日，十河先生也会想念那些曾同甘共苦的韩国工人。

就这样，十河先生四年零两个月的韩国生活画上了休止符。此后，他作为专务，开始参与日本国内业务。

从重利先生手中继承德武产业

昭和五十九年（1984年）的新年，十河先生从韩国回来后不久，便被重利先生叫到身边："能不能请你继承德武产业？"其实，十河先生之前已经能隐隐约约察觉到重利先生的这个意思。这是重利先生第一次清楚明白地说出口。

与15年前十河先生与裕子夫人结婚时相比，德武产业已经发展到了令人难以置信的规模：德武产业已经可以与阿基里斯和JTB这样的大企业直接交易，雇用很多员工，成了一个可以承担社会责任的大企业。

以前，重利先生没有想过让自己的孩子继承公司。但是现在，他强烈地感觉到，十河先生就是

第5章　建立为所有人带来幸福的公司

那个理所应当继承公司的人。十河先生不仅是长女的丈夫，还有银行职员的工作经验，对数字十分敏感，也有管理工厂和经营公司的经验，这些都是重利先生让他继承公司的理由。然而，十河家的亲戚都强烈反对他继承公司，因为十河先生是十河家的长子，他有责任守护十河家先祖的土地和坟墓。

重利先生请求了很多次都没有结果。有一次，他对十河先生说道："无论如何，拜托你了。"话说到这个份儿上，十河先生也不可能再拒绝他了。十河先生觉得，如果能让岳父高兴的话，他就愿意那么做。归根结底，十河先生想看到别人喜悦的表情，这是他努力工作的原动力。十河家也开了很多次家庭会议，最后得出的结果是：十河家由比十河先生小八岁的弟弟继承，十河先生作为德武产业的第二代继承人进入公司。

"但是有个条件，"十河先生对重利先生说，

"可以等我两年吗？我想把现在的工作认真交接好以后再进入公司。""当然！"得知十河先生愿意继承公司以后，重利先生对这个条件没有异议。十河先生也依约在两年后正式进入了德武产业。

第5章　建立为所有人带来幸福的公司

十河先生就任德武产业社长

昭和五十九年（1984年）5月，十河先生搬到了距离德武产业本部很近的地方。虽然距离正式进入德武产业还有两年的时间，但是十河先生认为，既然表示出了要继承公司的意思，就搬到离公司近点的地方吧。

确认十河先生可以继承自己的产业，重利先生十分开心。他不仅将原本作为仓库使用的建筑物改造成了十河一家的临时住处，还在十河先生搬家之后喝了啤酒，他平常是不怎么喝酒的。十河先生依旧清清楚楚地记得重利先生喝酒之后脸色通红的样子。

搬家是在5月末。不久，6月20日，十河先生在广岛出差时突然接到了电话:"德武产业的社长病倒了,请立刻回来。"

重利先生病倒了。这个消息好似晴天霹雳。十河先生不知情况如何,匆忙赶往重利先生所在的香川大学医院。赶到的时候,重利先生已经躺在了集中治疗室,身上插着许多管子和机器。医生告诉他,重利先生患的是心肌梗死。

第五天,重利先生的情况有所好转。十河先生对重利先生说:"请快点好起来吧。"重利先生却用沙哑虚弱的声音回答道:"之后就拜托你了。"

这成为十河先生和重利先生之间最后的对话。那天晚上,重利先生因心脏病再次发作去世,年仅59岁。葬礼定在6月28日,地点是重利先生的家。重利先生生前人缘很好,死后,150多个花圈立在灵前,前来祭奠的人一直排到街对面。

事发突然,十河先生连悲伤的时间都没有,一直忙着操办葬礼。葬礼结束之后,十河先生感

第5章　建立为所有人带来幸福的公司

到十分虚脱,仿佛胸口裂开了一个大洞。虽然他答应了继承德武产业,但是重利先生还尚未教给他任何东西。在没有任何交接的情况下,谁都会不知所措吧。然而德武家的亲戚们说:"你已经是德武的社长了。拜托你了。"

十河先生想让岳母静子夫人担任社长,自己担任从旁辅助静子夫人的专务。但是周围的人都催促道:"别再把事情搞复杂了,你当社长就挺好的。"最终,葬礼结束后不久,十河先生就任德武产业的社长,岳母静子担任会长,妻子裕子担任部长。

为筑牢发展基础，另谋出路

接手德武产业时，十河先生年仅37岁，加上对德武产业一无所知，其中的压力可想而知。幸运的是，德武产业的销售额中有95%都是阿基里斯的学龄儿童用鞋提供的。因为每个月都会接收到固定量的订单，公司的发展非常稳定，以岳母静子夫人为中心的经营十分顺利。那时，十河先生每天都十分繁忙，直到昭和六十年（1985年），才开始真正接手德武产业。

十河先生就任德武产业社长后不久，就开始考虑公司的未来。他认为，占据公司销售额95%的阿基里斯的订单不会一直长久延续下去。正如水往低处流，制造业也是从成本高的地方向成本

第5章 建立为所有人带来幸福的公司

低的地方转移,这是十河先生在韩国管理工厂的时候得到的教训。现在,德武产业在做的阿基里斯的订单也是如此,总有一天,这些订单会流向劳动力成本低的中国和其他的亚洲国家。这是毋庸置疑的。在那之前,如果找不到其他支柱,德武产业就没有未来可言。

十河先生一边努力完成阿基里斯的订单,一边思考着扩展旅行用拖鞋之外的其他项目。然而,会长静子夫人和一直在德武产业工作的员工认为,公司是依靠阿基里斯才成长、发展起来的,做那些阿基里斯给的订单以外的工作,就是对一直帮助照顾他们的阿基里斯的背叛,简直荒谬!十河先生与静子夫人、员工之间的关系出现了裂痕。

十河先生担心的事情还是发生了。阿基里斯公司的负责人告诉德武产业:"我们要在中国和印度尼西亚建造工厂了。我们将在四年内取消所有对贵公司发出的订单,请贵公司考虑接下来的出路。"

其实当时已经有很多公司都放弃了国内的工厂，把生产据点转移到了国外。阿基里斯还给了他们四年的宽裕时间，十河先生对此心怀感激。

发展新的事业刻不容缓。但那时，函售公司的室内用鞋的 OEM 已经开始了。十河先生将 OEM、裕子夫人提案中的制造化妆包和旅行用拖鞋作为公司的三大支柱，为失去阿基里斯公司的订单做准备。但十河先生还是一直很焦虑，比起前一代，他必须扩大公司的规模，使原本倚重阿基里斯的经营多样化，筑牢企业的坚实基础。他必须找到德武产业的新方向。

作为第二代经营者，他无比焦虑，但又充满了干劲儿。然而，十河先生越有干劲儿，与岳母静子夫人、员工之间的鸿沟就越深。

第5章　建立为所有人带来幸福的公司

对上一代心存感恩

十河先生在没有交接的情况下成为德武产业的社长。在重利先生的三周年忌日时，他和静子夫人、员工之间的关系还是和以前一样，一直僵持着。

法事结束后，十河先生向寺院的住持倾诉了心事："我从上一代手里接过公司后，一直想把公司做大，但是按现在的状况，公司将逐渐衰败下去。我认为上一代创立的公司很好，但如果不改变，就无法适应时代。现在，公司内部还有人拘泥于以前的做法，很难按照我的想法推进。"

住持平静地对十河先生说道："为什么你要和岳父对抗呢？你是否可以不要那么自命不凡？请

对上一代心存感恩，反省自己。上一代拼上性命才把公司创立起来，现在又把公司托付给你。多想想这些如何？"

听了住持的话，十河先生如醍醐灌顶。的确，也许十河先生对以前的做法反对得过于激烈了。十河先生想起重利先生去世之前，在医院对自己说的话："之后就拜托你了。"

重利先生将一切都托付给了十河先生，十河先生也不应该忘记对打好公司基础的重利先生心存感激。十河先生按照住持的建议，每天祭拜重利先生的灵位。不可思议的是，养成每天早上面对佛龛，心怀感恩地怀念上一代之后再去工作的习惯以后，十河先生觉得自己似乎明白了重利先生的想法。重利先生放弃祖先世代守护的德武家的田地之时，需要多么坚定的勇气啊；因病住院的时候，他该有多么不安啊；将业务类型调整为生产手套的时候，他该有多么烦恼呢！三十年过

第5章 建立为所有人带来幸福的公司

去了,十河先生如今仍在坚持这项日课。

如果自己是当初的他,恐怕早已不知所措。可是重利先生用意志战胜了这些困难,拼了命将德武产业做大了。十河先生敬佩重利先生这份责任感和强大的意志,自然而然地对与重利先生一起打拼的静子夫人心生敬意。从那时开始,十河先生开始每天为住在对面的岳母静子夫人送味增汤。

静子夫人是家中的祖母,原本应该和十河一家、和孙子们一起围着餐桌,享受其乐融融的家庭生活。但静子夫人同时也是会长,和十河先生的意见不同使得她始终无法享受这份其乐融融的家庭生活。最终,十河先生转变了想法,不再站在社长的立场上,而是将静子夫人看作母亲。他每天早上都会给静子夫人送味增汤,相信总有一天,双方之间的坚冰会融化,公司内部也能统一立场。

终于,公司与阿基里斯以外的合作走上正轨,通过OEM开始生产的室内用鞋的销售量也逐渐增加。同时，裕子夫人研发的化妆包也大受欢迎，占据了销售额的三分之一。三年后，德武产业完全失去了阿基里斯的订单，同时确立了以旅行用拖鞋、室内用鞋和化妆包为支柱的企业版图。前两个产品共同支撑着公司，直到德武产业成为日本最大的鞋类制造商。

第5章　建立为所有人带来幸福的公司

好好报答照顾过自己的人，才是正确的活法

因为大型函售公司调整负责人，室内用鞋的OEM这条路如前文所述，已经走不通了。十河先生深感下游企业的局限，转而开始研发自家公司的产品，开拓市场。"爱由美"护理鞋成功之后，德武产业确立了护理鞋行业第一制造商的地位。

在公司发展的过程中，十河先生想要向关照过自己公司的人和顾客报恩。报恩的对象之一就是使德武产业成长壮大的阿基里斯。阿基里斯为当时还只是承接旅行用拖鞋的分包业务的德武产业提供了大量的订单，对公司的发展壮大做出了贡献。即使工厂即将转移的时候，阿基里斯也提前向德武产业发出了通知，为德武产业留下了一

定的缓冲时间，成为德武产业寻找新的事业方向的契机。从成本方面考虑，阿基里斯完全可以立即削减分包合同，将生产据点转移到东南亚，但是考虑到合作工厂的实际情况，阿基里斯等待了四年。十河先生一直想回报这份恩情。

当时，"爱由美"护理鞋风靡一时，订单激增，仅靠自家的工厂，生产效率已经赶不上订单的速度，十河先生想委托阿基里斯的工厂生产。其实，一直负责德武产业和阿基里斯之间交涉的阿基里斯的课长曾拜托过十河先生："阿基里斯滋贺工厂的外购处已经没有业务了，我们很苦恼。如果您那里有工作的话，能给我们做吗？"于是，十河先生立刻将"爱由美"的鞋帮缝制包给了阿基里斯的外购处。他想尽可能地帮助阿基里斯，报答他们一直以来对德武产业的照顾。

此外，一直负责两公司交涉的阿基里斯的课长退休之后，十河先生不愿二人的关系在课长离

第5章　建立为所有人带来幸福的公司

任之后就归于冷淡，于是每年邀请他来德武产业为德武的员工做两三次培训。十河先生想，只有好好报答照顾过自己的人，才是正确的活法和符合自己人品的做法。

十河先生从银行辞职之后，为德一先生的公司工作了13年。社长德一先生是个高瞻远瞩的人，他将公司从人工成本上涨、人才缺乏的韩国撤出，随后在中国建立了合资公司。因为"步行"的订单量增加，日本国内的生产量已经赶不上订单的速度，十河先生便将"步行"的鞋帮缝制包给了德一先生的中国工厂。之后，静子夫人和裕子夫人去中国担任技术指导，使"步行"可以在中国完成所有生产工序。最终，中国完善的生产体制也为德武产业奠定了飞跃成长的基础。

在公平竞争中实现双赢

"爱由美"上市以后,后续发售的商品也很快风行起来,德武产业的产量不断扩大。十河先生开始在中国物色舅舅德一先生的工厂之外的新合作工厂。增加竞争对手使德一先生有些不满。然而,十河先生说服了舅舅:"有竞争,商品品质才会提高,这样才会产生对大家而言正面的结果。"

中国员工的离职率很高,而如果有人离职,接下来的工作就没有人做了,因此出现不合格品的概率就很高。对于护理鞋来说,出现不合格产品是致命的,兜兜转转,最终会影响到负责生产的合作工厂。

怎样防止不合格品的出现呢?多方考虑之后,十河先生认为,重要的是每个人都对自己生产的商品负责，互相竞争。于是，十河先生委托两个工厂以相同的成本、相同的交货期限加工相同的商品。这样一来，两个工厂就会相互竞争，为了不出现次品而提高生产精密度。

十河先生认为，竞争机制中存在的最佳平衡，即6∶4。如果对存在竞争关系的工厂下同样的订单，即5∶5。双方都想保持这个平衡，那么双方就都不会成长。而如果是7∶3或8∶2的情况，就彻底打破了平衡，那么占据了七成或者八成订单的工厂就会安于现状，从而丧失进取心；而占据二三成订单的工厂则会灰心丧气，没有挑战的动力。但是如果双方的订单量是6∶4，占四成订单的工厂会为了将订单量变成六成而不断努力，占六成订单的工厂会为了不被另一家工厂追上而不断进取。这样一来，双方会在公平竞争中共同成长，最终迎来技术都有所进步的双赢局面。

十河先生在中国出差的时候，向各位工厂的

负责人传达了自己的理念："我们大家得有多大的缘分才能在一起工作，所以我会努力提供给大家稳定的订单，也请大家为了德武产业的繁荣和大家的繁荣，共同努力！"

十河先生遵守了自己对订单的承诺，中国方面也对他的努力做出了回应。在日元贬值、德武产业因为业绩而苦恼的时候，中国工厂说："我们尽量不增加加工费。"如果中国工厂不增加加工费，在日本销售的商品就可以不涨价，就仍然能够以现在的价格出售。如此一来，整体营业额上涨，大家都可以获利。

十河先生说："个人获利并非目的，我想一定存在一条让大家都获得幸福的道路。而找到这条道路就是经营者的任务。"现在看来，珍惜缘分、互相支持、平等竞争的关系，也的确推动了所有有缘人的发展。公司生产出物美价廉的商品，顾客的幸福感增加，幸福的总量也增加了。

第5章　建立为所有人带来幸福的公司

不谋特权，全员共享利益

　　十河先生的经营理念是：不独占利益，而是将利益分给大家。如此一来，大家都能获得幸福。公司没有申请护理鞋的商业模型专利，并公开了所有信息的做法就是基于这个理念。其实，在销售"爱由美"护理鞋的时候，一位对公司有诸多关照的当地专利代理师就建议他们一定要申请专利："德武产业现在准备进行的销售单只鞋和左右码数不同的鞋的销售形式，是前无古人的新销售形式，用这个商业模式申请专利的话没准可行。"

　　那时，美国已经认同将商业模式作为专利，日本国内的商业模式专利申请也盛极一时。那时，"爱由美"才刚刚开始销售，并没能达到预期的销售额，公司正为此苦恼不已。如果申请专利，公司将从中获益颇丰。这正是很多人求之不得的事。

然而，十河先生扪心自问："德武产业一直想为有困难的人做些什么。垄断这种销售方式到底有什么好处呢？我们公司即便从中获利，因脚部问题而烦恼的老年人和残疾人也并不能获得幸福。如果有更多公司模仿我们的销售模式，那么就可以帮助更多的人了。"想到这里，十河先生果断放弃了申请专利。

这个抉择有关善恶，无关得失。如今，很多销售护理鞋的制造商都在销售单只鞋和左右码数不同的鞋，这已经是理所当然的事了。

2016年，业界权威人士对十河先生说："如今，你做鞋的理念已经是业界标准了。"但其实，只要能为世界做出一点小小的贡献，十河先生就觉得万分喜悦。

第5章 建立为所有人带来幸福的公司

谋求理念与利益两全

德武产业的销售额虽然顺利上涨,但是从利润率来看,普通利润率只有2%~3%,财务状况岌岌可危。即便如此,十河先生还是认为,只要能为社会做出贡献便好。他甚至认为,利润最终是要归还给社会的,所以利润低完全没有问题。

直到2004年,他进入京瓷的创始人稻盛和夫担任塾长的盛和塾学习,才认识到这种想法是错误的。2008年,在香川县召开的塾长例会上,十河先生介绍了自己的经营经历。稻盛塾长对此评价道:"德武产业热衷于帮助别人,是个非常伟大的企业。但是利润率不到3%的话,即使是一点小小的经营不善,也会导致公司陷入危机。如果公司倒闭，就无法帮助别人了。至少也应该努力达到7%~8%的利润率。"

因为销售额不错而扬扬自得的十河先生顿时有些沮丧。的确，如果没有能拿出手的利润率，就没法继续雇用员工，也没法继续为顾客提供优质商品。十河先生终于意识到，只有兼顾理念和利润，才能保护员工，才能继续为社会做出贡献。

十河先生一直想要为别人做出贡献的愿望太过强烈，甚至使他对盈利抱有一种罪恶感。他一直迟疑着，不愿从靠退休金生活的老年人那里赚更多的钱。而且，因为德武产业体会过承接下游转包业务的工厂的苦楚，只要供应商求他削减成本，他也觉得就算委屈一下员工，稍微少赚点钱也没问题。

出身于商人家庭的裕子夫人经常指责十河先生是个天真的生意人。十河先生却总是不放在心上。但是稻盛塾长这份严厉的点评，点醒了十河先生。十河先生终于明白，企业总是会受经济波动的影响，只有具备可以在经济波动中生存下来的力量，才能实现德武产业的企业理念：真心与感恩的经营。十河先生多年以来对赚钱抱有的罪恶感，在这个时候终于被扫清了。此后，十河先生开始专注于经营的高效化。

先是停止生产不赢利的商品。之前，十河先生为了身体不便的人考虑，总是尽可能地生产更多种类的商品。但是在这些商品当中，有些是无法赢利的。对于这样的商品，公司进行了深入探讨，如能否改变材料或外观，或者与中国的工厂进行交涉，削减成本，最终下决心停止生产不赢利的商品。同时，公司要求全体员工树立成本意识，对各部门提出了削减成本的目标，专注于经营的高效化。

这些努力得到了回报。2009年，德武产业普通利润率达到了6.2%，2010年、2011年的利润率甚至成功达到了7.9%和8.1%,达到了稻盛塾长指出的7%~8%利润率的目标。为了保持这种水平的利润率,在客户们的协助下,十河先生和员工们一起努力提高经营效率。数据显示,2018年,公司的销售额达到了24.816亿日元,利润率超过6%,仍然维持着高标准。

企业经营者总爱自以为是。曾经,十河先生也有过这种倾向。但以稻盛塾长为首的各位经营前辈、各位客户还有员工们给了他当头一棒。碰壁的时候、迷茫的时候,总是有"爱由美"的顾客将十河先生带回原点。"爱由美"发售23年以来,公司与许多客户结下了不解之缘。其中,与穿着粉色鞋子并逐渐依靠自己的力量走路的老太太的相遇,可以称为决定德武产业的经营理念的划时代的事件。

对于养老院里的上了年纪的人来说,鞋子并不只是鞋子,还是可以通过走路与大自然接触,

第5章 建立为所有人带来幸福的公司

从而感受到自己还活着的重要工具。十河先生一行邂逅了"粉色鞋子的奇迹",他们的使命,就是把这个故事推广到全日本。

德武产业定下了目标:要成为世界上被感谢次数最多的鞋子制造商。他们立志通过制造穿着舒适的漂亮鞋子向顾客传递公司的心声。

最后,我要介绍一下在德武产业的官网以视频的形式展示的、来自顾客家人的感谢信。

我想说句谢谢你

那是几年前的冬季的某一天。父亲去散步，回来的时候却满脸是血。原来是散步的时候，他在沥青路上不小心脸朝下摔倒了。

父亲在47岁的时候因脑梗死病倒，从那以后，他逐渐无法说话，右半身也瘫痪了。为了锻炼日渐衰弱的身体，他每天都挂着拐杖，拖着右腿，把去附近的神社参拜当作日课。我气冲冲地吼满脸是血的父亲："为什么会摔倒？还不是因为你非要去散步！以后就在家里待着吧！"

"没怎么就摔倒了。"因为脑梗死的后遗症，父亲丧失了语言能力，只能用手指逐字按着写有五十音和数字的键盘，借助机械发出声音来与我对话。

"怎么可能在什么都没有的地方摔倒?"

"绊着鞋子了。"

"绊着鞋子了?不要怪到鞋子上啊。你腿脚不便,要散步就坐着轮椅去吧。不要再让家里人担心了。"

"不行。我要自己走。"

父亲摔倒在冰冷坚硬的沥青路上,自己站不起来,只能趴在地上等人来帮忙。一想到父亲在寒冬中趴在地上动不了的模样,我就忍不住落泪。但不管我怎么反对,父亲还是坚持去散步。

又过了一个月,父亲又额头上带着肿包回来了,这次全身都是伤。据说他跌了个跟头,从田地里滚下去了。看到父亲这副模样,我终于忍不住发火:"你就不能让人省省心吗!不要再去外面走路了!"

"不行。我要自己走。"

几天后,经朋友介绍,母亲买回了一双奇怪的鞋。这双鞋和普通的鞋有些不一样,看起来有点儿土气,是我从没见过的样式。父亲立刻上脚试穿了这双鞋。

"有方便的鞋了啊。"

父亲没有吸取教训,立刻穿着这双奇怪的鞋出门了。散步回来以后,父亲说了这样一句话:"以后再也不会摔倒了。"我看到了父亲久违的笑容。又过了一年半,父亲突然病危,后因吸入性肺炎去世。

哪怕看上去就像原地踏步,几乎没有前进,但父亲还是在去世的前几天一直凭借自己的力量走一走。因为每天都坚持散步,所以他从未因病长期卧床。最终,父亲迎来了属于自己的人生最终章。

第5章 建立为所有人带来幸福的公司

> 时至今日,父亲手敲键盘的声音还在我耳边回响:"以后再也不会摔倒了。"
>
> 多亏贵公司的"爱由美",父亲才能再次露出笑容。谢谢你们。还有,我要向教会我无论遇到什么样的苦难都要前进的父亲说一声"谢谢"。
>
> 香川县木田郡　上原训

结　语

上来就说私事有些冒昧。2008 年，我执笔了名为《日本最值得珍惜的公司》这本书。之后，我收到了很多读者的热心要求，陆续写了《日本最值得珍惜的公司》2、3、4、5，然后在 2018 年写了 6。

非常荣幸的是，共有超过 70 万名社会各界、各阶层的读者阅读了这套书。这套书作为商业书，罕见地成为长销书和畅销书，也有许多媒体为其做了推广。笔者选出贯彻以人为本的正确经营理念的位于全国各地的六到八家企业，对其经营方针和经营策略进行了详细的介绍。

其中，我最想要传达的其实是这样一种信念：

结　语

企业经营指的是追求和实现与这个企业相关的所有人的、永恒的幸福。企业不应该只在乎业绩的好坏与结果的胜负，那些不过是能否正确达到目的，或者说是实现目标的手段。这本书明确了在与企业相关的所有人中，必须追求和实现这种幸福的五种人：第一是员工与其家人，第二是供应商和合作企业等公司的员工及其家人，第三是现在的顾客与未来的顾客，第四是当地的居民，特别是残疾人及老年人等社会弱者，第五是出资人及相关机构。德武产业在实践中完美地兼顾了这五种人。

本书是在细致调查德武产业的先进管理，了解了公司的现任会长十河孝男及其副会长裕子夫人一直以来付出的辛苦与努力的基础上完成的。这二位也曾在我2011年执笔的《日本最值得珍惜的公司3》中出现过。许多读者被感动得热泪盈眶。

德武产业的本部坐落在至今仍保留田园风光的香川县，有71名员工，是一家制造和售卖护理鞋的中小企业。如今，日本大约有380万家中小企业。对于热心研究中小企业的相关人士而言，德武产业无人不知，无人不晓。如今，德武产业可以称为知名企业了。

德武产业名声大噪，并非因为原本一个名不见经传的地方的转包型中小企业苦心孤诣所研发、生产和销售的"爱由美"护理鞋逐步发展成今日的顶级品牌产品，而是因为一手研发出"爱由美"护理鞋的十河夫妻的"客户优先，利益靠后""先人后己""后他人之乐而乐"的经营方针和策略。

我认为，企业的真正价值不在于它的规模、业绩或者商品，而在于这个企业的社会价值，也就是这个企业的存在能为世界上的人做出贡献。在这方面，德武产业的社会价值可以说真的非常高。

在《日本最值得珍惜的公司3》中我也写到，德武产业对待需要"爱由美"护理鞋的顾客如家人般亲切周到，数不胜数的顾客因他们周到的服

结 语

务寄来了感谢信。这也启发我们思考企业到底是为了什么而存在，为了谁而存在。德武产业证明了我的口头禅：正确的经营是永不消失的，欺诈式的经营早晚会消失的。

本书的作者是"珍惜人经营学会"的设立者之一、常任理事长佐藤和夫先生，也是出版《日本最值得珍惜的公司》一书的朝日出版社的社长。佐藤社长也是中小企业经营者之一，对德武产业的经营方式深有感触，他想让更多的人了解十河夫妻做的事，知晓他们与顾客之间的温暖的故事，因此鼓起勇气整理了本书。

本书不仅适用于中小企业经营者或相关人员，也能给日夜思考"怎样活着、怎样工作"的人们以梦想和希望。我强烈推荐各位读一读。

经营学者　珍惜人经营学会会长
坂本光司

图书在版编目（CIP）数据

上天赐予的粉色鞋子 /（日）佐藤和夫 著；范紫瑞 译. —北京：东方出版社，2022.10
ISBN 978-7-5207-2965-9

Ⅰ. ①上… Ⅱ. ①佐… ②范… Ⅲ. ①制鞋工业—工业企业管理—经验—日本 Ⅳ. ①F431.368

中国版本图书馆 CIP 数据核字（2022）第 158251 号

Kamisama ga kureta Pink no Kutsu by Kazuo Sato
Coverdesign & Illustrated by Masahiro Tanimoto
Copyright © Kazuo Sato 2019
Simplified Chinese translation copyright © 2019 Oriental Press，All rights reserved.
Original Japanese language edition published by ASA PUBLISHING CO.，LTD.
Simplified Chinese translation rights arranged with ASA PUBLISHING CO.，LTD.
Through Hanhe International（HK）Co.，Ltd.

本书中文简体字版权由汉和国际（香港）有限公司代理
中文简体字版专有权属东方出版社
著作权合同登记号　图字：01-2020-0551 号

上天赐予的粉色鞋子
（SHANGTIAN CIYU DE FENSE XIEZI）

作　　者	［日］佐藤和夫
译　　者	范紫瑞
责任编辑	钱慧春
出　　版	东方出版社
发　　行	人民东方出版传媒有限公司
地　　址	北京市东城区朝阳门内大街 166 号
邮　　编	100010
印　　刷	嘉业印刷（天津）有限公司
版　　次	2022 年 10 月第 1 版
印　　次	2022 年 10 月第 1 次印刷
开　　本	880 毫米×1230 毫米　1/32
印　　张	6.25
字　　数	71.4 千字
书　　号	ISBN 978-7-5207-2965-9
定　　价	58.00 元
发行电话	（010）85924663　85924644　85924641

版权所有，违者必究
如有印装质量问题，我社负责调换，请拨打电话：（010）85924602　85924603